绽放

在标准答案之外
找到人生优解

夏雪———著

人民邮电出版社
北　京

图书在版编目（CIP）数据

绽放：在标准答案之外找到人生优解 / 夏雪著 .
北京：人民邮电出版社，2025. -- ISBN 978-7-115
-67540-8

Ⅰ . C913.2-49

中国国家版本馆 CIP 数据核字第 2025Y5T774 号

内 容 提 要

　　现代社会中，许多年轻人对自己未来的职业发展感到困惑和迷茫，不知道自己未来的方向在哪里，不明白为什么越努力越痛苦。越来越多的年轻人开始重新思考：那条别人口中"对的路"真的是对的吗？我能否不再压抑真实的自己，走一条更适合自己的可持续的道路呢？

　　本书结合大量真实的案例，从找到自身优势出发，引导年轻人重新认识自己、激活自己，从而开辟适合自己的职业发展路径。全书共分为 7 章。第 1 章讲述了如何从家族基因中找到起点优势；第 2 章讲述了如何利用自身的相对优势在职业赛道中取胜；第 3 章讲述了如何利用优质信息差占据认知先机；第 4 章讲述了如何推销自己，让自己的价值被世界看见和认可；第 5 章讲述了如何通过多元发展打造抗风险职业体系；第 6 章讲述了如何为自己积累好运气；第 7 章讲述了如何做到知行合一，让优势可持续发展 。

　　本书是作者对多年人生经验的思考与总结，可以帮助当下年轻人看清自己，活出自我，拥有属于自己的精彩人生。

◆　　　著　　夏　雪
　　　责任编辑　杨佳凝
　　　责任印制　彭志环

◆ 人民邮电出版社出版发行　　北京市丰台区成寿寺路 11 号
　　邮编　100164　电子邮件　315@ptpress.com.cn
　　网址　https://www.ptpress.com.cn
　　固安县铭成印刷有限公司印刷

◆ 开本：880×1230　1/32
　　印张：7.25　　　　　　　　　　2025 年 8 月第 1 版
　　字数：150 千字　　　　　　　2025 年 11 月河北第 4 次印刷

定　价：59. 80 元

读者服务热线：（010）81055656　印装质量热线：（010）81055316
反盗版热线：（010）81055315

前言

在快速变化的时代，我们从小被教育要选择"安全路径"——学一个热门专业，找一份体面的工作，如此便可稳定，不会出错。可现实却一次次告诉我们：那些看起来最稳妥的路，虽然能带来短期的心理安全感，却充满变数。

在一个自己既不擅长，也不热爱的领域中长期工作，个体会不断经历认知、情感和行为之间的内在撕裂：你知道这并非自己真正热爱的方向，却不得不每日重复；你内心明白自己有其他渴望，却始终无法行动。这种长期与自我兴趣和能力相背离的状态，不仅会导致掌控感的丧失，更会让人陷入一种深层的心理危机——习得性无助。你会开始怀疑努力的意义，会对未来感到迷茫，甚至产生"我是不是就这样了"的自我否定。

与此同时，在不适合自己的领域里，你也很难赶超那些发自内心热爱这个领域的人。热爱的人往往会自发地投入更多注意力与时间，沉浸其中不觉疲惫。但是，你若只是为了获得安全感而硬撑，则容易陷入身心俱疲的恶性循环——效率低、成长慢、自信心反复受挫。你不断努力，却始终感到力不从心。

这似乎是现阶段年轻人普遍面临的困境：越努力，越痛苦；越顺从，越迷茫。许多人不明白，明明已经照着"标准答案"努力了，为何依然看不到出路？到底问题出在哪里？

越来越多的年轻人开始重新思考：我真的必须走一条别人口中"对的路"吗？有没有一种可能，不再压抑真实的自己，而是走一条更适合自己、更可持续的道路？

那条真正适合你的道路，起点就在你擅长且热爱的方向上，它往往正是你的天赋所在之处。在那里，你更容易建立个人优势，持续积累隐性知识和独特技能，你不但享受过程、不易倦怠，还可能逐步构建属于自己的长期竞争壁垒。当你认清自己在细分领域中的优势并顺势而为时，你的人生就会前进一大步。

但是，很多年轻人始终找不到自己的优势，甚至觉得自己"什么都不行"。他们说："我既没有精英家庭的资源，也没有特别突出的天赋。"我想说，这只是因为我们太熟悉自己了。鱼儿长期生活在水里，会忘记水的存在，更不会意识到游泳是其他动物一生都学不会的技能。我们每个人也是如此：**你的成长经历、兴趣路径、知识结构，早已悄然累积成了你的隐性资源。你并非没有优势，而是你从未真正看见过它、激活过它。**

那么，普通人究竟该如何找到自己的相对优势，活出一个自洽、丰盈的人生呢？这正是这本书要探讨的问题。

为了寻找这个答案，我采访了身边许多同龄人，把他们的经历写下来。他们或许没有耀眼的学历，但是他们很早就知道自己喜欢什么、擅长什么、想要什么，没有盲目跟风，而是打磨自己在细分领域的优势，找到独属于自己的位置。他们之中，有人画插画，有人做手工包，有人开办家政服务公司，有人在海外教汉语，有人从零开始做外贸，还有人经营文身工作室……他们没有丰富的资源，零成本启动，凭借自己独有的知识、天赋、兴趣和判断力，一点儿一点儿打开人生的局面，建立自己的"小而美王国"。

他们既获得了收益，也收获了内心的幸福和满足感。他们被社会需要，受到所在社群的尊敬，也拥有了对生活的掌控权。这些人几乎没有出现在著名媒体的报道中，但这些"小而美"的实践经验更适合你我。**我们无须跳起来摘星星，只需踮起脚尖，就能看到属于自己的光亮。**

与市面上那些只讲优势理论或精英故事的书不同，这本书不提供无法落地的成功学神话，而是提供一套普通人可实践、可落地的方法。它将带你重新认识自己、接纳自己、激活自己。你会发现你的身上藏着许多被忽视的"宝藏"。这本书就是让从未认真看过自己的你找到"宝藏"的一把钥匙。

你将在这本书中看到以下内容。

- 第1章：在家族基因中找到起点优势。
- 第2章：用相对优势在赛道中取胜。
- 第3章：利用优质信息差占据认知先机。
- 第4章：掌握"人文销售"技能，让你的价值被世界看见和认可。
- 第5章：通过多元发展打造抗风险职业体系。
- 第6章：通过特定的思维习惯为自己积累好运。
- 第7章：让自己的优势持久发光的秘密。

如果你正在思考"我是谁""我要往哪里走"的问题，翻开这本书，也许就能提前发现属于自己的答案。**越早看清自己适合做什么，你就越能把精力用在对的地方。**

这不仅是一本书，也是让你发现自身优势、照亮人生的旅程。

2025 年 4 月

夏冰雹

目录

第 1 章

在家族基因中找到起点优势

不少年轻人拿自己的家庭与更优渥的家庭相比，觉得在经济条件和社会资源上都缺乏先发优势。他们羡慕别人的家庭所带来的经济、人际关系资源、眼界和情感方面的支持，认为自己成长于普通家庭，一切都要从零开始。

事实真的如此吗？其实，无论你出生在什么样的家庭，不管父母做什么职业、收入如何，你都绝非从零开始。**从你出生的那一刻起，家庭这所"技能学校"就已经开始为你积累隐性知识了。**农村孩子对农作物的认识，城市孩子无法轻易超越；小镇青年对人际关系的运用、对下沉市场需求的了解，可能强于大城市里边界感强、不太注重人际关系的年轻人。你家庭中的隐性知识让你在耳濡目染中不知不觉掌握了很多独特的技能。

你可能忽略了这些宝贵的技能，就像鱼儿在水中生活太久，忽略了自己的游泳技能一样。现在，你需要做的是看见并挖掘这些家庭赋予你的宝藏，传承父辈所擅长的技能，将它们转化为自己的优势。

每个家庭都藏着隐性知识和技能优势

我们通过教科书、参考资料等渠道获得的知识可称为显性知识。显性知识只是人生知识的冰山一角，很多技能类、认知类的隐性知识是书本里学不到的。

在不少细分领域，我们都能看到这种现象：一些出色的技能是没办法通过传统教学方式传授的。我体验过杭州和温州不同价位的理发服务，一些在大众点评网站评分极高、毕业于短期美发培训学校的年轻师傅，剪出来的发型效果一言难尽。后来，我遇到一位执业 19 年的理发师，他剪得极其细致认真，每一搓头发都要前后左右比照之后再动剪刀，剪出的发型非常适合我的脸型。我每次要登台主持或演讲前都去找他。我问他是否在学校学过这套技艺，他笑着说："技能可以学，但审美是学不了的。"他 19 岁出来打工，从学徒做起，在不同理发店历练十多年，靠长期观察与实际操作逐步打磨出特有的技能。如今，他和合伙人共同开店，年收入已达 60 万 ~ 70 万元，成为杭州富阳地区知名的理发师。

这让我意识到，所谓隐性知识，正是那些看不见却至关重要的经验与判断，而这种能力往往要在实践里培养。

学校和培训机构传授的显性知识谁都可以获取，真正出众的技能只有在耳濡目染、手把手传授的环境中才能扎实习得。这就是隐性知识的含义。要想在社会中脱颖而出，就要掌握独特的隐性知识，这是让人拥有差异化专长和竞争力的关键。

去哪里获得隐性知识呢？隐性知识的最初来源是家庭。你和家人朝夕相处，他们就是你人生的第一所、影响最深远的"隐性知识学校"，它为你带来独特的先发优势。

孩子不光通过遗传机制获得了父母的一些基因优势，还通过观察父母的行为、习惯、价值观、职业经验、兴趣爱好，潜移默化地获取了许多无法从教科书中学到的知识。**无论父母的世俗成就高或低，如果你仔细观察并客观评价父母走过的路，其实他们身上多多少少都有值得传承的技能和智慧。**因为太习以为常，我们往往会忽视这些家庭里的隐性知识的优势——那些你认为普通的自家技能，可能是别人一辈子都没办法掌握的。**其实，父母是经验丰富的社会导师，是孩子成长过程中与社会连接的桥梁。**

家庭是你最早的技能训练营。那些父亲修车时教你的故障辨别方法，或者母亲在缝纫机前传授的面料识别技术，或者父母随口聊的行业术语、职场规则等，日后都会成为你的生存技能，可迁移到你所处时代的相关行业，构建你的认知"护城河"。这不是传统意义上的"接班"，而是一场关于生存智慧的隐秘传承。

这些浸润在成长细节里的职业知识，比任何求职攻略都更接近真实世界的运行法则，能够让人更早地掌握职业的核心技能。

2022 年，我在内蒙古旅游时遇见了一位"90 后"导游，他总能带游客深入草原却不迷路，去一般人去不了的地方，找到在电子地图上都搜不出来的绝美风景。新冠肺炎疫情之前，他在上海做户外活动向导，带领城市青年徒步露营。我惊叹他方向感怎么这么好。原来他从小在呼伦贝尔的牧场长大，父母都以畜牧牛羊为生，养了 2000 多只羊、200 多头牛，经常要潜入 8000 多亩的草原把牛、羊赶回来。父母在他很小的时候就教他各种辨认方向的技能。草原上长满了黄芩、防风、野兰花等几十种中草药，就算没有一个明显参照物，他也能找到回家的路。后来的职业发展轨迹证明，父母传授的技能成了他最具优势的职业竞争力。

父母的职业经验，无论来自哪个行业，都是宝贵的隐性

知识。关键在于，你是否善于发现并利用这些知识，找到适合的细分领域，将它们打磨成稀缺优势。

同时，鉴于未来社会发展的突破口在于交叉学科、复合型技能，你可以深入了解父母的职业，尝试将他们的职业特点与当下时兴的技能、热门的趋势相结合，达到"1+1＞2"甚至"1+1+1＞3"的效果。

手工耿的故事便是其中的典范。他的祖父和父亲都是焊工。童年时期的手工耿对拆卸电器和手表表现出异乎寻常的痴迷，因此没少挨母亲的打。然而，正是这种好奇心和探索欲，为他日后的发明创造埋下了伏笔。13 岁那年，他步入初中，父母满心期望他能考上高中，将来有份体面的工作，可命运却另有安排。手工耿未能如愿考上高中，而是成了一名焊工。16 岁那年，他跟随父亲踏上了外出打工之路，在北京、甘肃等地从事焊管道、装壁挂炉、搬砖、修水管等工作。他熟练掌握了电焊技术，能够精准地控制温度和电流，将管子连接得严丝合缝。然而，收入并不理想。2013 年，手工耿在北京打工，月薪仅 900 元。面对即将到来的 30 岁，他不禁陷入沉思："马上而立之年了，我还能改变我的人生吗？"

命运的转折发生在 2017 年。这一年，手工耿与快手平台结缘。手工耿用他灵巧的双手做出了一个个充满创意和乐趣的不锈钢作品。他将制作这些作品的过程拍摄成视频并上传到网络，迅速吸引了大量关注。他制作的那些"无用良品"凭借独特的创意与幽默风格，为大众带来了别样的快乐。2018 年，手工耿的粉丝量突破百万，他被网友誉为"发明界的泥石流"，并被网友称为"无用的爱迪生"。

手工耿的故事是隐性知识发挥作用的典型例子。家族三代的焊工技能——精准的电流控制、毫厘不差的接缝工艺、对不锈钢肌理的直觉感知，是他自幼耳濡目染习得，相当于比同行业工作者领先十余年。

总之，家庭隐性知识的来源不一定高端，可以是乡土知识、工匠技艺，以及独特的社群人际关系与价值观。无论父母身处何种行业，处于什么位置，他们多年打拼所积累的职业技能与经验、人际关系都可能帮助孩子更早接触并适应社会，形成自身优势。这些通过耳濡目染所获得的知识是"活"的，往往能突破书本中的条条框框，帮助他们在成长的道路上走得更稳、更远。

你的天赋就写在家族史里

当聚光灯下各领域顶尖人物被问及成功秘诀时，他们往往谦逊地归功于"努力"。但我们无法忽视他们身上那令人瞩目的天赋特质。短跑明星尤塞恩·博尔特（Usain Bolt），他的跟腱如同上帝安装的弹簧，让他在赛道上如猎豹般飞驰。泳坛名将迈克尔·菲尔普斯（Michael Phelps）拥有超常的臂展，在水中的推进效率堪比人造鱼鳍。

那么，决定天赋的究竟是先天基因，还是后天环境？这一直是学术界争论不休的话题。长久以来，学者们各执一词，难分伯仲。在大众的认知里，基因常与优生学挂钩。为了避免陷入"基因决定论"的伦理困境，主流观点更倾向于强调先天平等和后天可塑性，弱化基因的影响力。然而，事实是基因对人生走向的作用不容小觑，甚至远超我们的想象。

美国行为基因学家凯瑟琳·佩奇·哈登（Kathryn Paige Harden）在《基因彩票》（*The Genetic Lottery*）一书中通过分析近半个世纪的遗传学数据与实证研究，提出了一个尖锐的观点：从生物学角度讲，人类并非生而平等，我们与生俱来的基因差异使我们在某些能力上具有先天的倾向。性格、认知能力、教育水平、就业状况、体质、精神障碍风险及人际关系这 7 个方面的特征，约有 1/4 至一半的差异是由遗传 DNA 序列的差异引起的。而在这些特征中，我们普遍相信的教育成果，很大程度也是看基因的，因为基因对教育水平的影响早在幼年时期便已显现。它影响着孩子 3 岁时的语言能力、5 岁时的智商、10 岁时的阅读能力及 17 岁时的高考成绩。遗传学家们确定了基因组上与受教育程度相关的位点，并据此制作了"多基因评分"。评分高的人从大学毕业的可能性是评分低的人的 4 倍，而且遗传基因导致了教育结果 40% 的差异。相比之下，家庭收入水平对受教育程度差异的影响仅为 11%。连积极性、好奇心、毅力等被普遍认为是后天习得的非认知能力，也会受到遗传基因的影响，进一步影响人生结果[1]。

我们生下来并不是相同的一张张白纸，而是各有各的基因底色。那个数学考试总不及格却擅长调解朋友之间矛盾的你；那个背单词吃力却能画出惊人漫画的你；那个运动笨拙却对植物如数家珍的你……这些"偏差值"不是缺陷，而是基因给你的天赋导航。**如果我们找到与基因匹配的赛道，每**

---

[1] Kathryn Paige Harden, *The Genetic Lottery: Why DNA Matters for Social Equality* （Princeton: Princeton University Press, 2021）.

个人的生命就会释放出属于自己的潜能。

你的直系亲属是一个重要的线索。你的父母、祖父母、叔伯姑舅，很可能在性格、能力或偏好上与你共享某些基因特质。他们身上的"闪光点"也许就指明了你发展的潜力方向。进化留给我们的是数十万年间无数微小突变筛选下来的有用的特质，如果我们忽视不用，岂不是一种巨大的浪费？

人类上万个基因中，有不少直接影响到我们的智力、语言能力、运动能力、音乐能力等。我们不妨从那些已被证实具有高度遗传倾向的能力入手，寻找属于自己的发展路径。

1. 智力

智力是一种非常广泛的思维能力，它涉及推理、规划、解决问题、进行抽象思维、理解复杂概念、快速学习及从经验中汲取教训等多方面的能力。智力的遗传性很强，其遗传率会随着年龄增长而显著提升。2014 年，《分子精神病学》（*Molecular Psychiatry*）中的一项基于大量双胞胎研究的研究综述指出，智力的遗传率从婴儿时期的约 20% 增加到成年后期的约 80%，而且智力与其他认知能力有着高度关联，它与阅读、数学和语言学习能力之间的遗传相关性分别为 0.88、

0.86 和 0.91[1]。

智商作为衡量个人智力水平的量化指标，对教育成果的影响远比我们想象的要大。美国著名认知心理学家、智力研究的先锋阿瑟·詹森（Arthur Jensen）的研究发现，智商 105 分是完成大学学业的门槛，智商 115 分则是取得硕士和博士学位的分水岭。智商超过 115 分后，其他因素的影响比重才会逐渐增加[2]。

总之，如果你想要在学术方面取得成就，甚至想考上名校或读博士，你不妨给家庭成员及自己做一些智商测试，它能够考察一个人的逻辑推理、抽象思维、空间认知、记忆等非语言方面的能力。虽然这些测试未必能看出一个人全部的潜力，但仍具有一定的参考价值。

如果大多数测试结果处于均值附近，也就是当我们拼智商没有优势时，我们可以反向思考：有哪些领域大概率是学霸们不会尝试的？毕竟学霸们有着强烈的路径依赖，大概率会成为医生、律师、科研人员、教授等角色。但是人的精

---

[1] R Plomin and I. J. Deary, *Genetics and Intelligence Differences: Five Special Findings*（London: Molecular Psychiatry, 2014), pp. 98–108.

[2] Arthar Jensen, *Bias in Mental Testing*（Boulder: Westview Press, 1980).

力是有限的，如果偏学术领域是他们最拿手的，那么他们就没有多少时间主动尝试非学术性的、偏门的领域，因为这对他们来说机会成本太高了。这就意味着，学霸们和成绩普通的学生都具有各自的相对优势。**所以，对于并不擅长考试的同学来说，提前布局高智商的人较少会关注的细分领域，更有可能站稳脚跟。**

2. 运动能力

当其他孩子抱怨上体育课太累时，你却总是不知疲倦地奔跑；你比同龄人更早掌握骑车、跳绳等协调性动作的要领；春节家庭聚会上，直系亲属谈起他们年轻时跳远破校纪录时眼里的光，和你抽屉里那枚运动会金牌产生了微妙的碰撞；你的祖父母 80 岁了仍步履矫健，父亲年过 50 岁仍保持隐约的腹肌……你是否意识到这些可能是一份藏在你染色体里的礼物？它不一定能让你成为奥运冠军，但运动天赋足以帮你找到比旁人更多元的人生赛道。

你有没有发现这些巧合？中国篮球巨星姚明的父母都曾是篮球队的主力；中国网球名将郑钦文的父亲曾是一名田径运动员；美国体操小将娜斯佳·柳金（Nastia Liukin）的母

亲曾是体操名将；拳王阿里的女儿莱拉·阿里（Laila Ali），接过父亲的拳击手套后成为世界女拳王；威廉姆斯姐妹（Williams Sisters）是网球界的顶尖选手，而她们的母亲正是她们的教练……这些例子并非只是说明"体育星二代"沾了父母的光，更重要的是证明了运动天赋往往在家族里有明显的传承。科学家们甚至在全基因组关联研究（Genome-Wide Association Study，GWAS）中找到了 ACTN3 基因与运动能力之间的显著关联。这个基因负责肌肉的快速收缩和力量输出，短跑、跳高、跳远等项目中的顶尖运动员几乎都携带这种基因。携带这种基因的人，即使在同样强度的训练中，也能比别人拥有更好的速度、爆发力和耐力。

许多人的运动天赋从小就有迹可循。中国游泳选手潘展乐的运动生涯便很好地诠释了这一点。在 2024 年巴黎奥运会男子 100 米自由泳决赛上，中国选手潘展乐一路破浪前进，征服了包括大卫·波波维奇（David Popovici）、凯尔·查默斯（Kyle Chalmers）、杰克·阿莱克西（Jack Alexy）等在内的世界名将，成了历史上第一位获得男子 100 米自由泳奥运金牌的中国选手。他身高 198 厘米，臂展 2.1 米，比美国游泳天才迈克尔·菲尔普斯（Michael Phelps）的臂展还要长。这样的好苗子在小时候就难以掩盖光芒。

潘展乐 4 岁时就因个子高、臂展长、踝关节和肩关节的灵活性好，被选入温州市少年游泳学校。10 岁时，他就参加了浙江省运动会，并在 7 个参赛项目中全部夺冠。

如果你也像潘展乐一样具备运动天赋，是否会选择高水平竞技这条路？是否还有其他有趣的赛道可选？这取决于你的运动能力上限和兴趣。高水平的体育竞争比较残酷，运动员不仅面临较高的伤病风险，还要应对诸多不确定性因素，所以很少有人能够一直走下去。

当然，体育生并不是一定要达到顶尖运动水平才有出路，国内的体育产业处于快速成长阶段，国家一级运动员、二级运动员也同样有出路。体育生的职业选择并不局限于教师、运动员、俱乐部教练、社区体育指导等专业性较强的岗位，也可以入职特警、民警，或者就职于与体育行业相关的企业。

如果你觉得运动让你感到快乐，并且家族基因或体能优势也能为你助攻，那就不妨探索并深耕这个赛道。

3. 音乐能力

音乐能力不仅受到诸如早期音乐训练、家庭氛围和个人兴趣等环境因素的影响，还在很大程度上受到遗传因素的影响。

如果你的家庭中存在热爱音乐、乐感不错的成员，那么你成为与音乐相关行业的从业者甚至音乐家的可能性就会大大增加，因为音乐天赋经常呈现家族聚集的现象。巴赫家族出了 50 多位杰出音乐家；迈克尔·杰克逊（Michael Jackson）出道时与四位亲兄弟结成五人组，兄弟们不仅会弹贝斯、吉他，也能合唱；1999 年出生的中冰混血爵士女歌手林冰（Laufey）拿下了格莱美奖，她精通多种乐器，她的双胞胎妹妹是小提琴手兼创意总监，而她们的外公林耀基与奶奶胡适熙都是中央音乐学院的知名教授。这反映出一个普遍规律：音乐天赋常在家庭中代代延续。

提到以音乐谋生，人们总会想到表演艺术家、音乐教师等传统职业，担心岗位有限。而事实上，随着新兴行业的崛起，音乐天赋应用的范围远大于此，它可以与其他专业结合产生交叉优势，比如，音乐疗愈、对外艺术交流、电子游戏音效、艺术公关等领域都需要具备敏锐乐感和创造力的人才。

我有一位毕业于语言类院校的朋友，他不是音乐科班出身，小时候也没学过任何乐器，但是说话的声音很有磁性，业余时间爱唱歌。凭借着在大学组织校园合唱团的经历，他入职了一家剧院，负责演出幕后安排、对外宣传等工作。

总之，即使不是科班出身，若有音乐天赋，也可充分利用这个优势，考虑加入与音乐相关的行业。

4. 语言能力

你有没有发现，那些能说会道的人往往能在家族谱系中找到相似的天赋轨迹。这种代际传递的现象，正是基因与环境共振的绝佳例证。《奇葩说》的主持人马东在进入电视行业前曾是一名程序员，他的父亲——相声大师马季曾严禁他涉足语言行业，要求他远赴澳大利亚学习计算机编程。然而，基因的力量在 10 年后显现：30 岁的马东毅然转行，在语言类节目中大放异彩。相似的剧本也发生在撒贝宁身上，这位北大法学院毕业生不仅能驾驭《今日说法》的严谨语境，还能在综艺节目中自如切换各地方言制造娱乐效果。我们追溯其成长脉络会发现，他的父亲是国家二级演员，母亲是歌唱演员，语言天赋的遗传线索清晰可见。

语言能力的传承就好比一个人的身高发育：基因设定了潜在高度，后天营养决定了能否达到上限。因此，如果你在学习语言的过程中比同龄人更轻松，就要想办法把这项语言能力优势用起来。

那些童年时期便展现出优秀口才的孩子，长大后从事语言类相关工作获得成功的概率会更高。在我的老家温州，从 20 世纪 80 年代开始就有一群儿童被选中，送入温州电视台《男孩女孩》节目担任小主持人。徐澄晖就是其中一个，出众的口才是他从小到大的加分项。长大后的他成了联合国总部的人力资源助理，又从事了社会公益与营销方面的工作。后来，他进入了营销行业的标杆组织全球艾菲（Effie Worldwide）担任市场营销经理。另一位在温州家喻户晓的小主持人宣政，在 2017 年创办了一家提供直播视频购物技术的服务商洽太（Chatail）。可见，凭借语言天赋不仅可以在传统舞台上闪耀，还可以在传媒、营销、法律、教育等领域大放异彩。

我自己也是从语言天赋中受益的人。中学时期的我并不擅长理科计算，常年徘徊在一本线边缘，处于全段的中下游水平。为此，我一度怀疑自己的智商不够。

直到高二那年，我抱着试试看的心态报名参加了校园主持人比赛，不曾想竟闯入决赛，成为全校第二名，仅次于从小在温州电视台做少儿主持人的隔壁班同学。那一刻，我才意识到，外公是村口说书人，母亲擅长用温州话和乐清话讲解医学知识，他们在同龄人中极具感染力。我小时候爱给同桌讲故事，爱在公园和大人辩论。因为顶嘴被罚表演，我反而乐在其中。这些被忽视的小片段，都是语言天赋的线索。我开始反思：既然表达是我的长板，何必在不擅长的领域较真？

大学期间，我利用课余时间参加主持人大赛、英语演讲比赛、辩论比赛，有华东地区比赛，也有全国范围的比赛。2015 年，我在"APEC 未来之声"[①]中从 3000 多名选手中脱颖而出，代表中国青年赴菲律宾参加会议。面对电视台采访时，我完全不怯场，非常轻松自如。

这也是我后来决定赴美攻读新闻硕士、进入传媒行业的原因。我在镜头前很自在，很享受讲故事的过程。毕业后，我顺利担任了英文国际记者，又转型成为英语教育博主。

当你在语言学习中获得如鱼得水般的愉悦感时，这可能是基因发出的信号。那些家族中擅长表达的亲属就像埋藏在

[①]　这是一个亚太经济合作组织发起的倡议，包括一系列活动和项目，亦在激发青少年对经济、科技、环境等领域的兴趣和热爱。

你 DNA 里的路标，指引你朝着相关领域释放能量。能将复杂的概念转化为动人表达的能力，本身就是稀缺的"硬通货"。

我们从前文的讲述中可以看出，有些能力很容易被发现，如跑得快、力气大、乐感好、会讲话等。但还有很多具有遗传倾向的特质可能不太容易被察觉，如空间认知能力、记忆力、创造力、领导能力、情绪智力和风险承担行为等。因此，你需要间接地观察和分析家族成员的特质，从而找到自己的天赋。

怎么做呢？

首先，观察父母在生活中擅长的事情，思考这些特质和能力在自己身上是否有所体现。那些较为出色的行为都有可能隐藏着家族天赋。例如，有的长辈打麻将能够快速记住自己的牌，还能推导出其他三人手里分别有什么牌，他能设计策略，胜率很高。这里就隐藏着记忆力、逻辑推理能力的天赋。

其次，与父母对话，了解他们年轻时的梦想、成就与挫败，问问他们在什么领域中最有热情，最有成就感和满足感。

此外，父母可能也不清楚自己擅长什么，这时就有必要引入第三方视角，询问家族中的其他成员，如祖父母、叔伯姑姨、舅舅及舅妈等，以了解父母成长经历中的关键点。通过这些信息，你可以看到家族中有哪些特质是一脉相承的。这些家族里被传承的特质往往是你潜在的优势，更有可能让你赢在起跑线上。

将家族优势变成你的突破口

家族传承固然可贵，但是，很多年轻人在面对家族传统职业时，常常会因为追求自我认同和独立性而产生抵触情绪，甚至出现逆反心理。然而，**真正的成功往往源自对自身优势的深刻理解和合理利用，而非盲目追随或完全背离。** 每个人的成长经历都有独特性，通过发现、接纳和理解家族的特质，你可以更早地发现自身优势。一些闪光点传承的世代越多，融入新时代的元素越丰富，优势也就越显著。

我曾实地走访过一部分杭州、桐庐、新安江的手工艺家族，探寻他们世代传承的奥秘。以杭州制香师蒋锐家族为例。作为锐龙香堂创始人，他出身制香世家，曾祖父自 20 世纪初便传承此技艺。蒋锐在香气中成长，能精准鉴别成百上千种香气，嗅觉记忆远超常人。作为第四代传人，他不仅申报非遗，还开设沉香网店，其还在上学的女儿也常来帮忙。古法的精髓与时代元素的完美融合带来了可观的收益。桐庐深澳村的秤匠世家也给我留下了深刻印象。他们制作从几厘米到几米不等的秤，最大的秤能称一个人。如今，虽然秤杆和秤砣的实用价值不大，但却成为收藏爱好者的装饰品，家族因此仍有不少客户订单。

家族里已经积累了几十年的隐性知识，经过时代的跌宕起伏、一代又一代的托举，终于呈现在你的面前。这样现成的优质资源不用起来，是不是太可惜了呢？

因此，你需要多了解父母的工作职责和日常任务，理解他们在工作中面临的挑战、需要的技能及生存下去的关键因素。如果平时有时间，可以多观察并协助他们完成工作，你在不知不觉中就能比同龄人积累更多工作经验。**即使未来你不会从事与父母相同的职业，但父母传授的一些技能和思维方式具有迁移价值，也能在你的工作中发挥意想不到的作用。**

以我的大学学姐倪嘉琦为例。她大学本科的专业是金融，毕业后先后在互联网教育创业企业和上海的一家人力资源央企工作过。在做第二份工作时，她兼职做了两个月审核社交媒体文案的工作，发现了低成本的创业机会——做内容媒介，也就是承接广告商或货品方的广告投放需求，然后在社交媒体上筛选匹配的达人，让达人创作文案推广商品。她在 2019 年 5 月辞职创业，半年后个人年收入达到了 30 万元。刚进入这个行业时，她并不知道如何制定商业模式，只能"摸着石头过河"。她说："没有人告诉我定价，没有人告诉我应该怎么获得利润，全部是我自己摸索。"2019 年，与倪嘉琦合作的品牌方付款周期达到半年甚至一年，这让她的资金回笼速度变慢，风险增加。她无师自通地想出了一个解决办法：直接在自己应得的所有利润上面溢价 3%。而且，她一直秉承保本、控制风险的理念，只用挣来的钱作为前期垫付的资金，不考虑扩张，人员最多时也只有她和 3 个兼职助理。2020—2022 年，她的年收入超过了 100 万元，最高的一年收入是 300 万元。

我问她这些生意思维是从哪里学的，毕竟我们读的是同一所大学、同一个专业，我们身边的金融系毕业生很少创业，也极少有人年纪轻轻就达到如此之高的收入水平。原来，她的生意思维来自她的父母，他们在浙江绍兴做窗帘配件生意，她从小就耳濡目染，对父母做生意的细节非常熟悉。"我小时候会跟着我爸去要债……我不是很喜欢学金融，但我算账算得挺明白。而且，我觉得我算账的能力比大部分人都强。"具体到创业过程，她总能厘清博主收益、平台服务费、品牌方的返点账务。论及实用性，大学金融课上的知识远远不及她父母的言传身教。她说："讲到核算年利率，金融专业课会告诉我银行利率是 3%，但它不会告诉我从哪里获取这 3% 的利率。"

通过倪嘉琦的例子不难看出，**把大学期间的专业、喜欢做的事情和家庭隐性知识结合，创造出复合技能，探索交叉领域，可以找到更适合你的职业发展路径。**

以我自己为例。年少时，我曾抗拒接手父母的工作。然而，我在成长过程中逐渐意识到，他们的专长早已潜移默化地融入我的生活与工作，经过奇妙的"化学反应"，最终成为我的优势。

我的母亲是一名执业药师。童年时，我常在药店帮她整理库存、抓药、结账，帮顾客测血压、量体温，耳濡目染中掌握了许多健康知识。虽然这段经历时间不长，却在无形中为我的职业生涯埋下了伏笔。2019—2020 年，我在香港《南华早报》做记者。刚入职 3 个月，我采编的健康类报道就登上头条，是当年唯一上头条的新记者。

2020 年，我在某教育集团担任海外项目运营，偶尔替外教线上授课，结果意外受到学生和家长的好评，甚至有企业高管请我教孩子英文演讲。我并非师范院校出身，却能很自如地讲课，可能正是受父亲的影响。他是温州大学历史系副教授。小学时我帮他录入教案文字、制作电子文档、买书，有时还坐在他的课堂后排听课。这些体验为我后来的教育工作、媒体工作打下了基础。

多参与父母的职业生活，把这些隐性知识和你所处的时代趋势结合起来，你就有可能成为那个被好运击中的人。

你并非一无所有地开始职业旅程，那些你以为平凡、普通的家庭经历，其实早已在不知不觉间将资源、天赋、技能、认知与思维方式传递给了你。它们可能藏在父母的职业习惯、爱好特长、待人接物的方式里。即使你的父母不曾在社会舞台上闪耀，他们的人生经验也是你职业路上的"起跑器"，是你打造复合技能、连接交叉赛道的重要拼图。唤醒你的觉察力，重新认识家庭这座被你忽视已久的技能宝库吧！

从现在开始，试着问问自己：我的父母在生活中最擅长做的事是什么？有哪些看似微不足道的家庭习惯，其实塑造了我的性格和能力？家里人有没有什么特长、兴趣、行业经验，是我可以融入当下专业的？有没有与生俱来的优势是我还没有用起来的？这些问题也许就是你找到天赋密码、探索人生路径的起点。你并非从零开始，你只是还没意识到，巨人的肩膀已在你脚下。

第 2 章

用相对优势
在赛道中取胜

回想一下你从小到大的学习生涯，是不是总有人告诉你"补齐短板才不会被淘汰"？学习不能偏科，技能要全面，性格要好……我们费尽心思修补不足，试图成为"全面均衡"的人。

但你是否想过，当所有人都在疲于追求"完美"时，那些真正改变世界的个体，恰恰是不完美却有独特闪光点的人。一个人最大的价值，从不是依靠弥补短板实现的，而是靠将某一项优势做到极致的能力。这就是本章要讨论的核心理念——发挥你的相对优势。

相对优势并非要求你在成熟的领域做到第一名，而是指在交叉细分的赛道上，你能够以更低的成本、更高的效率或独特的方式取得成果。换句话说，你不必打败所有人成为冠军，只需成为自己擅长领域的高手。

在本章，我们将重新审视长板与短板，摆脱传统"木桶效应"的束缚，找到适合你的发展路径。无论你认为自己多么普通，都能借助相对优势实现成长的突破。深耕你的相对优势，远比拼命补短板更重要、更有效。

高手懂得如何放大自己的优势

关于木桶理论，我们从小就在课本和家庭教育中耳熟能详：木桶的容量并非由桶壁上最高的那块木板决定，而是由最短的那块木板决定。木桶理论如同一道紧箍咒，让我们深信：唯有将每一块短板补齐，人生才能盛满成功之水。

但若深究，这个理论实则暗藏悖论——谁规定木桶只能用来盛水？谁又规定人生必须是一口标准化的容器？在多元化、结构性转型的市场环境中，流水线统一生产的标准木桶早已过剩。我们按照每个木桶本身的特性，扬长避短不好吗？若将木桶向长板倾斜，照样可以盛水；就算不盛水，它难道就不能以花盆、宠物窝、儿童玩具、电影布景、艺术品等方式脱颖而出吗？

"强化长板策略"也就由此而盛行。高尔夫球手泰格·伍兹（Tiger Woods）的传奇，正是"强化长板策略"的完美演绎范例。对许多高尔夫球手来说，沙地球一直是一道不可忽视的难关，而伍兹在这方面的表现也曾被批评过。然而，伍兹并没有盯着短板拼命弥补。与其在沙地球上投入过多时间，不如让它保持在一个不会拉低总分的水平，将大部分时间和精力集中在练习最具杀伤力的挥杆技术上。通过这种方式，伍兹确保了自己在比赛中稳定的表现。正是这种"强化长板策略"，使伍兹成为历史上最伟大的高尔夫球员之一。

短板的提升空间往往是有限的，个人优势却可以多倍放大，形成强大的杠杆效应。

我自己就曾经面临是补齐短板还是发挥长板的选择。我高中物理成绩很不理想，那些电磁感应、曲线运动在我的眼里就是一团无法理解的黑白图画。一次晚自习后，高一物理老师将我叫到走廊，推了推黑框眼镜，语重心长地说："你的物理考试成绩好几次不及格了。不聪明没关系，努力就好。"我随口应了一声："哦，有道理。"虽然我知道老师是出于好意，但是我心里不服，这是我从小到大第一次被质疑智商。周末回到家，我就和我父亲说了这件事，我父亲乐呵呵地说："人总有擅长的地方和不擅长的地方，很正常。你英语、语文、主持、演讲不都挺好的吗？人到了社会上肯定要发挥长板的优势，谁会靠短板竞争呢？"我父亲的这句话让我得以释怀。

十多年过去了，还真如他所说，我一直在我相对长板的传媒领域发光发热。我那蹩脚的物理知识水平并没有阻碍我的生活与工作。

在这个高度分工与协作的现代社会中，我们无须过分执着于弥补自身的短板，也不必追求面面俱到。相反，我们应该将精力集中在自身擅长的领域，力求做到极致，形成个人优势。对于自身不擅长的领域，我们完全可以通过合作与资源交换实现结果的最优化。这也正是团队协作的核心逻辑——每个人都有自己的长板，通过合作构建更高的"桶"。

总之，我们不要陷入对短板的无谓纠结，而应该找到独特的长板，在长板的方向上努力，放大它，我们会因此而不同。

把天赋作为前进的"加速器"

优势是指你在某个特定领域持续展现出卓越的表现，在这个过程中，你不仅游刃有余，还能从中获得真正的满足感。要构建真正的核心优势，天赋、知识和技能三者缺一不可。**天赋是地基，知识是砖瓦，技能是工具，只有在天赋的基础上学习知识和技能，才能打造他人无法复制的个人优势。**

我们如何区分天赋、知识和技能呢?

天赋是指个人的自然潜力或与生俱来的能力,这些能力让我们在特定领域表现得得心应手。天赋通常表现为我们与生俱来的倾向和自然反应。知识是指通过学习和经验积累得到的信息,它可以包括书本概念、实践经验、文化背景等。知识能够帮助我们更好地运用天赋,做出更加有效的决策和行动。技能是通过训练获得的执行特定任务的基本步骤的能力,它是我们用来应用天赋和知识的工具。

我认为这三个要素中最重要的是天赋。只有在天赋的基础上,努力学习知识和技能,才能换来最积极的反馈。天赋决定了一个人在哪些领域能够更轻松地突破。奥运游泳冠军迈克尔·菲尔普斯(Michael Phelps)和长跑名将希查姆·艾尔·奎罗伊(Hicham El Guerrouj)是极佳的例子。菲尔普斯身高 1.93 米,而奎罗伊身高仅 1.75 米,但两人的腿长相近。这意味着,菲尔普斯的上半身异常修长,而奎罗伊的腿占据了他身体的大部分比例。不同的身体结构决定了他们各自在不同赛事中的卓越表现。上半身长、腿相对短的菲尔普斯在水中如鱼得水,阻力更小,同时超长的手臂赋予了他更强的划水能力,使他成为顶级泳将。而奎罗伊的长腿则让他每一步都能跨得更远，使他在中长跑赛道上所向披靡。然而，如果互换赛道，他们的优势将瞬间变成劣势。因此，**天赋只有在合适的赛道才能被最大化；反之，在错误的赛道中，天赋不仅无用，甚至会成为拖累。**

有时候，我听到一些学生和初入职场的年轻人抱怨："我没有任何天赋。"其实，这个判断过于主观和绝对了。天赋不是天才的专属，每个人或多或少都有自己的天赋、优势领域。人类的基因组含有多达 30 亿个碱基对，排列组合将形成无穷的可能，每种组合都可能变成独一无二的特质，这才有了人类社会的千人千面。有的人总是对数字很敏感，有的人总是能捕捉色彩的细微差别，有的人总是能察觉人际关系的动态，有的人总是制作时间表并有条不紊地完成计划，有的人每次遇到突发情况都很沉稳……你一定会有某些自然而然、反复出现的特质，这些特质被放在特定的场景中会发挥巨大作用。**天赋就好比一颗种子，在适宜的土壤和气候中会长成最佳模样。**

可惜的是，大多数人对自己的天赋一无所知。为什么？一个重要原因是，现代教育体系更关注标准化的显性知识的掌握。你的天赋大概率不在学校的评价体系内，以至于你可能会误以为自己毫无优势。

另一个原因是，家庭和社会环境往往使我们忽略了个体天赋。很多父母并不真正了解孩子的天赋，而是按照社会定义的成功路径塑造他们。一个擅长绘画的孩子可能被要求学理工科；一个天生对人群有感染力却对数字不敏感的人可能被逼着学金融。当你长期被要求成为别人期望的样子时，脑海中充斥着各种嘈杂的外界声音，你的天赋就会被逐渐掩盖，最终你自己都遗忘了。

那么，发现天赋的责任究竟应该由谁承担呢？它只能落在你自己身上，因为你是这个世界上和自己朝夕相处最多、最了解自己的人。但前提是你要有意识地观察。如果你仍未找到自己的天赋，那并不是因为你没有，而是你从未真正探索过。你的天赋如同呼吸般自然，可是你却从未留意过它。

如何发现自己的天赋呢？你的天赋和"自我"需要一场双向奔赴。稍加留意，你就能发现天赋贯穿在你生活的方方面面的细节里。最直接的探索方式是观察你自己对周围事物的本能反应，以及你和周围人的差异。你可以使用以下两个线索锁定天赋。

第一个天赋的线索是无限渴望，发自内心喜欢。

在你的早年经历中，是否做某件事会有热情高涨的感觉？做完后忍不住会想，下次什么时候再做一次？这件事对你来说，很自然地就能坚持下去，你还能因此而获得持久的快乐、热情和内在动力。这很可能就是你的天赋所在。

以我的初中同学刘梦婷为例。她用两个字形容发现天赋的感觉——"狂爱"。而这项天赋，她本能地坚持了十多年。早在 2007 年，刘梦婷就在作业本上画漫画。每次看完一部动漫，她总会情不自禁地临摹角色，线条干净流畅，比例精准，完全是出于本能的表达。她从未接受过绘画培训，唯一的熏陶来自她的大姐，一位语文老师。刘梦婷回忆道："当时正好我大姐大学毕业了，带回来一些书，书里面有一些动漫小插图，我就临摹。我大姐说很好看。我想，难道我有这个天赋？然后我就一直画，画到了现在。"

高三时，她决定参加艺考，这也是她人生中第一次系统接受绘画培训。2013 年，她考上了一所大专院校，选择了服装设计专业，因为在她看来，这是一个就业前景相对明朗的专业方向。但到了大三实习时，她发现这个专业并不适合自己，所谓的设计不过是模仿甚至抄袭国外的热门款式，改一下面料、装饰和辅料，批量复制，毫无发挥创意的空间。毕业后，刘梦婷担任一家服装公司的助理，但她还是提不起干劲。她意识到自己并不适合这条路，内心那份对绘画的热爱召唤她开启新的里程。

于是，她果断转行，用三个月的时间自学板绘，然后成功应聘杭州一家工作室做电商图案设计。两年后，她加入一家动画电影公司，专职负责衍生品设计，将荧幕上的动画人物变成可爱的玩偶与文创产品，终于用画笔为自己描绘了职业蓝图。

2025 年年初，她接受了我的采访。那时她就职于上海的一家动漫产品公司，专门从国外购买动漫版权，设计和生产盲盒、徽章、鼠标垫、抱枕、包边色纸、亚克力摆件等周边产品。公司的工作节奏很快，一周左右就要完成两三款产品的设计。她虽感到疲惫，但看到自己设计的成品摆在眼前时，内心还是充满成就感的。对她来说，热爱就像一笔充足的账户余额，足够支付工作带来的消耗。她决定在这个行业继续深耕，并计划探索古风板绘的技艺，也许未来会从事动漫插图或游戏插图方面的工作。

正如刘梦婷所经历的，很多时候，天赋并非来自一夜顿悟，而是藏在经年累月的本能选择里。她小时候对动漫的着迷、对画画的坚持、对创作的热爱，看似偶然，实则是她大脑中某些特定神经元的连接不断被激活、被强化的过程。

这种不断回到自己喜欢做的事的倾向，已得到神经科学研究的支持。

当你在妈妈肚子里，只有 42 天那么大，就有了第一个神经元。至你出生，你会拥有近 1000 亿个神经元。该数量会保持到你的中年。在人生最初的 3 年里，你的每个神经元会创造大约 15 000 个突触连接。到 16 岁时，突触连接减少一半。大脑会优化资源配置，将能量集中于那些最有效的突触连接，也就是那些你最擅长的领域，从而让你在这些方面的能力得到进一步强化和发展。这种现象在神经科学中被称为突触修剪，会一直持续到 25 岁左右。也就是说，**大脑在成长过程中会逐渐筛选出优势领域，让你的天赋在这些领域逐渐显现。**正如中国老话所说的"3 岁看到老"。这个过程就像大脑在绘制终身使用的认知地图，你反复行走的路径会成为高速公路，很少光顾的小径则逐渐消失。那些让你双眼发亮的事情，正指引着你神经元里的天赋。

在成长过程中，天赋像一条沉睡的河流，可能因为环境、误解甚至生活压力而被暂时掩埋，但它从未真正消失。当某个关键时刻到来，它会重新出现，指引你回到最初热爱的方向。我初中同班一位同学就是在经历了人生的转折后，才真正听见了内心深处的召唤。

2009 年左右，一次美术课上，老师布置了用铅笔临摹龙的形象的任务。我的后桌同学金慈超用铅笔画了一条龙，栩栩如生，一层层鳞片逼真立体、油光发亮，老师夸奖了他的作品。然而，那时的他并没有意识到，这幅画作中所展现的绘画天赋将会成为他未来人生的重要转折点。中考之后，他上了五年制的职高。在父母的建议下，他报了汽车维修专业。在读期间看到寝室里的人都在打游戏，荒废青春，他毅然决定放弃学业去当兵。

退伍后，他回到温州老家，生活刚有起色，却突然被诊断出患有淋巴瘤。经过一年的治疗，他终于脱离了生命危险，可谓不幸中的万幸。在病房里，家人问他接下来想做些什么。他抬起手，看着自己臂膀上的人生第一幅文身，上面刻着一句电影台词：做出一个选择（Make A Choice）。他脱口而出："要不就去干这个吧！"家里的亲戚对此感到困惑和担忧，害怕他误入歧途。然而，经历了鬼门关的他只想为自己活一次。

他找了一家画室，学习了一年素描，然后前往江苏的一家文身工作室当了两年学徒，为客户的背部、胳膊和小腿设计和绘制密集且具有视觉冲击力的图案。为客户把座右铭、孩子的肖像、家人的生日文在身上，他觉得这很有意义。学徒期满之后，他在温州开了一间文身工作室，起名为"肆一刺青工作室"，墙上贴满了他设计的图案手稿。时至今日，他接触文身行业已近 10 年，手中的画笔从未停下。他说他很确定未来 10 年还会继续以文身为主业，也可能会出售一些画作。

他的经历正是天赋在生命中留下的深刻印记，那些早年间的热爱往往是天赋悄然绽放的前奏。我们应在生活的细微处探寻自己的热情所在，因为那可能是命运赠予我们的独特才能。

仔细想一想，你小时候最喜欢和擅长的是什么？只要做那件事会让你产生幸福感，哪怕身体很疲惫了，你依然乐此不疲，持续做也不难。这很可能就是你隐藏的天赋。

如果你记不起小时候喜欢做什么，那么你不妨从现在开始，养成记录的习惯，即写下一天中你所做的事情，对应每件事将投入程度和心理能量水平进行量化。每周复盘一下，

搞清楚让你身心愉悦、充满正能量的事情是什么。一两个月后做一次总结，你会明显看到你所参与的活动与心理能量之间的关联与模式，以及你在某些特定活动中所处的心流状态，让你全身心地投入而忘记时间的流逝。这就是你的天赋所在。

第二个天赋的线索是容易上手，一学就会。

尝试新事物的时候，你能多快掌握它？你是否能快速上手，比身边的人更容易掌握？花同样时间训练，你是否总是表现得比身边的人更优秀？如果你已经察觉到了这些领域，说明你在这些领域有天赋。天赋不仅能让你在某个领域表现出色，还能让你在学习过程中事半功倍。

这种"上手快"的能力，在金晓宇的故事中尤为突出。"70后"金晓宇在高中时被诊断出双向情感障碍[1]，只好辍学，此后每年都会住院两三次。通过自考进入大学之后，金晓宇对父母提出的最多的要求就是买书，他阅读了超过 200 本有关英语、日语、古文、围棋、音乐、绘画的书。1993 年，冒着被砸坏的风险，金晓宇的父母不惜重金购置了计算机，让他上网自学自己喜欢的内容。在学习过程中，他的狂躁能量

---

① 双向情感障碍俗称躁郁症，是一种情绪剧烈波动的精神疾病。

转化成了无限的学习动力，他如饥似渴地看原版电影自学外语。一部电影，他先打开中英双语字幕看，再遮挡字幕反复观看，直到完全听懂。6 年时间里，他自学了英语、德语、日语。这样的学习速度已经远超同龄的大学生。2003 年，南京大学出版社寄来试译稿件，他的翻译稿干净流畅，没有错字病句，深受读者喜爱。自此，他开启了职业翻译之路。金晓宇的父亲在《我们的天才儿子》中回忆道："至 2022 年，他已翻译 17 部国外著作，累计超 600 万字。"

可见，天赋不仅是与生俱来的潜力，更是学习的"加速器"。当一个人接触到符合天赋的事情时，大脑会像点燃了引擎的火箭，进入一种高效运转模式，不仅学得快，还能持续投入且不知疲倦。

如果还未确定自己的天赋，你可以多尝试不同的新事物。多参与你感兴趣的兴趣小组或同城活动，主动创造天赋和自我双向奔赴的机会；多留意和记录尝试新事物时的本能反应，例如，你在哪些方面基本不需要别人教就能做得很好？你有哪些技能使用起来得心应手，甚至能成为同学的老师？这可能就是你的天赋密码。只有足够多的尝试、观察和总结，你才会增加解开天赋密码的概率。

　　你也可以借助相对权威、信任度较高的能力测试工具来了解自己的天赋，如克利夫顿优势识别器（CliftonStrengths Assessment）、O*NET 能力测试（O*NET Ability Profiler）。另外，你也可以尝试使用积极心理学领域常用的测试工具，识别和发展自己的核心人格优势。这些工具可以带给你一些启发，但你不要过度依赖。毕竟，没有任何一个测试工具能全面定义你。最了解自己的，始终是你自己。

　　总之，天赋的觉醒需要你放下对成功的急切渴望，停止焦虑，真正开始专注于自己内心的呼唤。这颗天赋种子往往深埋于童年的好奇心之下，蛰伏在少年未被满足的渴望里。**当你发现了那个能让你乐在其中、从中汲取无限动力的事物时，你的天赋也会在那片领域中逐步展现。**按照它天然的形态浇灌知识和技能的养分，你会发挥出独特的、他人无法复制的个体优势。这段发现之旅，本质上是与真我重逢的探索之路。

优势的检验标准

　　当我们意识到长板才是人在社会中立足的关键时，新的困惑随之产生：如何判断这项优势能否成为个人可持续的、抵御竞争的"护城河"？我认为优势有三个检验标准：有价值、够稀缺、难模仿。这套标准能帮助我们判断：你的长板究竟是转瞬即逝的优点，还是经得起时间考验的优势？

1. 有价值

你的优势必须能够创造价值。这意味着，它能够解决实际问题、提升工作效率、推动目标的实现，能够为他人带来切实的收益和回报。这种价值无须像改写人类命运那么宏大，它大概率是隐藏在生活的细微之处。用户未被满足的微小痛点，都是价值创造的契机。

这样的价值创造无处不在。就拿我生活的杭州富阳区来说，每年冬天，我都会去富阳区鹿山街道一家采用绿色栽培技术的草莓园采摘新鲜果子，它是浙江省农科院长期合作、给予种植技术辅导的果园。这家草莓园很少打化学农药。面对草莓的害虫红蜘蛛，他们引入了天敌捕食螨。他们用支撑架与吊挂设备让草莓在半空中生长，从而避免了土壤中病虫害的侵扰。

这家果园由一对中年夫妻共同经营，已经经营 10 年了。

果园占地只有 12 亩，产量不大，但仅靠熟人之间推介就已经供不应求。那些喜欢高品质水果的长期客户，甚至需要提前预订，才能买到粒大饱满的果子作为送人的礼物。老板娘的手机上已经有 1000 多个长期客户了。经常有客户问她："你家草莓太好吃了，根本吃不够！你能不能多种一点儿？或者从周边收购一些来卖？"老板娘无奈地表示，她没办法扩大经营，现有的地已经打理不过来了。如果收购周边的草莓，她没办法控制生产过程，更无法保证草莓的质量和安全性。老板坚持要小而美地经营下去，虽然"靠天吃饭"很辛苦，但是他们的经济回报依旧令人满意，年收入可以达到六七十万元。夫妻俩的儿子在大学读的是工商管理专业，毕业后回家里帮忙经营草莓园。

这家草莓园的成功，不仅在于他们种植出了高品质、无公害的草莓，更在于他们消除了消费者对食品安全的担忧，提供了健康安全的保障，为当地农业的可持续发展树立了榜样。这种看似平凡的种植实践，实际上蕴含着巨大的价值优势。

不要试图成为解决所有问题的"瑞士军刀"，要做刺破特定痛点的"绣花针"。多观察生活中需要被解决或正在被解决的小问题，这些都是创造价值的机会。

2. 够稀缺

稀缺性是创造竞争壁垒的关键因素之一。它来自独特技能或特定领域的深度认知。稀缺性并非要在别人的坐标系里拼命竞争，当所有人涌向罗马时，真正聪明的人正在建造新的"领地"。稀缺性并非尖端人才的专属，只要每个人肯发挥创造力，结合自身天赋寻找细分赛道，为所在社群带来特别且持续的价值，便能成为稀缺人才。

创业者汪露婷的故事完美诠释了如何将个人优势发挥到极致，并且打造出市场稀缺性。她从小酷爱做手工。小时候家里有一台缝纫机，没有人教过她，她用脚踩了几下，就会用了。大学时想穿商店里美丽的裙子，但是价格过高，她就踩着缝纫机将手头的布料缝合成了一条绿色长裙，第二天得意地穿着去上学了。她没想到，手工技能会帮她创立一项超过 17 年的事业。

2007 年，汪露婷读大一，趁着和同学去网吧的机会注册了淘宝店。当时她并不知道要出售什么，就是觉得好玩儿。她大学就读于浙江工业大学，学的是动画专业，但她不太喜欢，于是她把课余时间都花在了手工创作上。她总是亲手制作可爱的小包，同学们见了很喜欢，就向她买。她不知道如何定价，便以材料成本价卖给了他们。慢慢地，想要她的手工包的人越来越多了。她并不喜欢规划，认为"人生就像踩香蕉皮，香蕉皮滑到哪儿，我就去哪儿"。她完全没想到，校园手工会成为自己创业的起点。

2010 年，汪露婷读大三，淘宝店铺正式运营起来，起名叫"小小岛"。那时，网络支付还未普及，人们主要依赖现金和银行转账支付。她相信建立一个网店页面，和朋友们沟通手工包的款式会更方便。她还注册了公司，让账目管理更科学。慢慢地，她的订单多了起来。大四时，她参加了电视台主办的多个创业比赛，在其中的两场比赛中，她均获得了 10 万元的创业资金。但是，节目组要求获奖者出售部分股份。她不想失去对手工包的设计与经营方式的掌控权，于是放弃了节目组提供的创业资金。大学毕业后，她待在家里琢磨手工包的创业路径。尽管父母希望她能找一份正式的工作，但并没有催促她，而是让她拥有思考和行动的时间。一年后，汪露婷凭借自己的手工不但养活了自己，还把手工包这条创业路越走越宽。

在直播、促销活动满天飞的电商时代，汪露婷采取了顺其自然的经营模式，即不扩张、不找代工厂、不营销。她自称这是一间网上的"小卖部"。她说："店铺的大部分工作都没有长远计划，我仅凭我的直觉、我的人生节奏来做事，我喜欢什么就做什么，从来不出售自己不喜欢的物品，并且制作标准一直在提高，产品越来越个性化。"

这样个性化的产品其实具有极高的稀缺性优势。汪露婷在创业初期，每个款式的包只做一个，卖完就没了，接着做新的款式。17 年过去了，她依然在用设计师品牌的面料进行创作，尤其是日本设计师皆川明的面料，一些款式的成本价高达每米 2000 元。每个款式的包，她只做几个或十几个，不会批量生产，卖完就再做下一批新的款式，这样可以确保每款的数量都有限。她的客户需要至少提前 3 周预定。满怀期待等下去的人最终变成了她的长期客户，更加喜欢"小小岛"这样的小众品牌。

除了款式的稀缺性，小众品牌立足的另一个战略是提供贴心的定制服务。大品牌通常不断复刻经典款以确保较高销量，客户想要定制很困难，因为从门店到设计部门，沟通链条太长。而汪露婷的客户只要直接找她说一声，告知喜欢哪几款布料、图案、拼接方式，就能实现定制。例如，她使用的面料中有一款圆圈图案，只有通过非规模化的手工裁剪缝制才能做到拼接处中轴对称，这是批量代工工厂无法复制的。这种定制模式不仅避免了囤货压力，还让客户参与到设计过程中，为产品赋予了更多、更稀缺的手工情感价值。

此外，在年轻人普遍追求个性化的时代，汪露婷不仅制作了手工包，还创造了与客户连接的场域。她的微信社群有500个长期客户，已经满员。她的长期客户经常在社群里和姐妹们分享喜欢的穿搭、饰品，并倾诉心声。她会留意每一个下单客户所在的城市和其喜欢的风格。有一次，她介绍两个同在武汉、购买同样面料和包型的女生互相认识，后来她们成了很好的朋友，经常线下聚在一起。一位宁波的长期客户挺着孕肚也要来汪露婷的线下展览会见她。这个品牌社群让一群志趣相投的女人找到了共鸣，见证了彼此人生中的重要时刻。

身边的朋友们会随口祝福汪露婷"做大做强"，但她心里并不想扩大规模或请工厂代工。至2025年，汪露婷的团队只有10人，包括她的姐姐、喜欢做手工的退休阿姨。她想继续做"一家小而特别的店"，这样她既有她热爱的工作，又有闲暇时间陪孩子。这样的一家网络小店已经让汪露婷实现了日均销售额 1 万元以上，年利润率 30% ~ 40% 的佳绩。汪露婷也成为杭州富阳区女企业家协会的年轻成员。

汪露婷的手工包不仅在产品设计和制作工艺上具有稀缺性，还在用户体验上独树一帜。她的产品为追求与众不同的人提供了一个表达自我的方式，而这种个性化的坚持让她在竞争激烈的电商市场中找到了自己的位置。

我们该如何找到在社会中独特的位置呢？一定要突破小时候听到的龟兔赛跑的故事所带来的思维局限。当裁判设定只以速度为评判标准时，乌龟注定是失败者。乌龟应该夺回赛道定义权，将比赛变为生存耐力赛。兔子的寿命一般是 4 ~ 12 年，而一些大型乌龟的寿命可以超越百年。如果将寿命、极端环境中的存活能力作为评判标准，那么乌龟将轻松获胜。**人生的维度是多样的，真正的稀缺性是按照你的天赋和隐性知识技能重新制定比赛规则的能力。**普通人的稀缺性不在宏大的市场报告里，而在被忽视的细分领域中。那些你无师自通就能掌握的本领，才是你的个人优势所在。

3. 难模仿

优势需要难以被他人模仿或复制。这样的优势需要多年积累的经验、深厚的专业知识，以及某种独特的资源或情境的支持。例如，J.K. 罗琳（J.K. Rowling）在创作《哈利·波特》之前花了 7 年时间精心构建魔法世界的背景设定，包括魔法规则、学院体系、历史背景等。即使其他作家想要复制类似的魔法故事，也很难复刻她所创造的完整的世界观。

有些事情看似门槛不高，但经过长期积累，也能成为复制成本较高的个人优势。例如，罗振宇从 2012 年年末起，每天早晨在他的公众号发布 60 秒语音，承诺坚持 10 年。他凭借独特的视角和深入浅出的讲解，把复杂理论转化为通俗易懂的知识，涵盖社会热点、经济趋势、个人成长等领域，满足了互联网时代人们对于碎片化学习的需求。这种跨领域的知识整合，需要有丰厚的知识储备和很强的洞察力。即使同时满足这两点，能够做到像他这样十年如一日不间断输出的人也很少，这需要极高的自律和毅力。这种长期积累让他汇集了大量用户，形成了独特的品牌效应，他人很难在短时间内复制，这使他成为知识付费领域的行业标杆。2023 年，罗振宇在跨年演讲中表示：当你做的事情足够简单，并且你能够长期坚持，你便拥有了时间的壁垒，别人再怎么追赶，都很难成为第一名。

真正的竞争壁垒的建立，并不是靠短期的努力或跟风模仿，而是靠长年累月的深耕。很多人只是为了赚钱去盲目复制，但真正的赢家是那些因为热爱，愿意坚持到最后的人。当你做一件事不是被迫，而是发自内心的喜欢时，你才能在时间的维度上建立壁垒，让模仿者望尘莫及。

掌握相对优势的艺术

很多人觉得自己不够聪明、没什么特别的天赋，看到社交媒体上讲天才的故事便更加焦虑，仿佛自己被远远甩在了后面。这是一种常见的"处处不如人"的认知陷阱——我们习惯性地把优势误解为"绝对碾压"，认为只有在某个领域天赋异禀、全面超越他人，才算有竞争力。

可现实是，大多数人并不会在任何领域拥有绝对优势。但这是否意味着我们就只能甘于平庸？并不是。**世界并不奖励最强者，而是奖励最会利用自己特点的人。**即便你的每一项能力都只是中等水平，但当你找到自己的相对优势（也叫比较优势）并加以深耕时，你依然可以创造独特价值。

相对优势是一个经济学名词，但它同样适用于个人发展——你不必成为"最强"，但可以成为"最优"。例如，小王每天能摘 300 个苹果或 300 个橘子，而你最多摘 200 个苹果或 100 个橘子。表面来看，你全方位落后，但从机会成本来看，小王摘 1 个苹果要放弃 1 个橘子，你只需放弃半个橘子；而你摘 1 个橘子的代价却是舍弃 2 个苹果。也就是说，小王更适合摘橘子，而你更适合摘苹果。如果各自专注于自己的相对优势，再交换成果，反而能实现整体效率最大化。这就是相对优势的核心逻辑：你不需要成为世界第一，而只要在某个领域的机会成本更低，或者效率更高，你就能找到自己的核心竞争力。

有时候，关键不在于起点如何，而在于你在某条赛道上的阻力是否更小。 我们来看一看从流水线工人变成谷歌工程师的孙玲。孙玲出生于湖南娄底农村，父亲是木匠。2009 年高考落榜后，她在深圳一家电子厂做流水线工人，每天工作 12 小时，月薪 2300 元。为了逃离这份看不到光明前途的生活，她攒下 8000 元，辞职后报名参加编程培训班，白天学代码，晚上在肯德基打工维持生活。2011 年，她成为程序员，月薪翻倍。她边工作，边自考深圳大学本科，还用分期付款的方式报了价值 3 万多元的英语培训班。随着技术积累与经验增长，她在 2016 年进入月薪过万元的互联网公司。2017 年，她拿出人生中第一笔 10 万元的积蓄，申请赴美读计算机硕士，并在 2018 年进入谷歌外包公司，年薪折合人民币 80 万元左右，后转至高盛公司，再到 2022 年正式入职谷歌总部，年薪达百万元。

孙玲曾经如此回应网友的提问：起点低不一定是什么坏事。这意味着，你面前没有太多的选择，也没有什么可失去的，也就没有什么可害怕的。因此，表面上看，她的起点条件与互联网行业毫无交集，似乎没有胜算。但对比那些不敢轻易转行的精英，她的机会成本更低，反而跑得更快。

我的朋友圈积累了 400 位左右"90 后"同龄人，有的初中毕业就不继续上学了，有的读了职高，有的取得了本科及以上学历，一小部分完成了国内外名校的教育。但是，我发现，我的毕业于重点高中、一本院校的同学基本上从事医生、律师、教师、会计、程序员、数据分析师等职业，而毕业于二三本院校、职高的同学进入的赛道更加多元，更敢于尝试与主修专业不相关但感兴趣的领域。他们的字典里似乎没有"沉没成本"一词，有的在职高就做起了网站模特；有的初中毕业后就开始做红酒中间商；我的初中同桌甚至放弃了杭州医学院三本院校的医学专业背景，而成为摄影后期修图师……由此可见，教育起点并没有那么高的人转换赛道的代价反而更小。

当名校生在"体面工作"的迷宫里感到困顿时，那些没有名校光环的年轻人早已在细分领域里披荆斩棘。以我身边的一位家政行业创业者杨铃翠为例。她是"双非"院校的计算机系毕业生，和名牌大学的计算机专业毕业生比起来，她在计算机技术方面可能略逊一筹，进入大型互联网公司工作的机会也小得多。但是，她找到了自己的相对优势。对于那些被互联网大公司录用的大学计算机专业毕业生来说，如果转行做一年家政，他们的机会成本是 30 万元的工资；而杨铃翠在没有工作、考研失利的情况下选择进入家政行业，几乎没有经济方面的机会成本，回乡创业的最大成本是时间。毕竟，与穿鞋的人相比，赤脚上阵的人没有什么可失去的，也就更敢于闯出一条属于自己的路。

相对优势不仅是一种选择逻辑，更是一种重组逻辑。当

单一维度存在劣势时，将多个维度的中板或短板巧妙组合，往往能形成一种稀缺的复合优势。

我曾为自己的短板苦恼不已，直到临近毕业才意识到，哪怕单个能力看似普通，但只要拼接得当，也能创造出独特的价值。

我大学读的是金融专业，当我面临就业，开始认真研究金融行业的就业市场时，内心无比沮丧，因为从任何角度看，我都毫无优势。我的父亲是一名历史老师，母亲是一名药剂师，直系亲属中无人涉足金融圈。我从小沉浸在书籍与音乐的世界里，饭桌上成年人谈论金钱时，我常常打瞌睡。我的舅舅曾评价我："这孩子够呛，对钱一点儿概念都没有。"而我身边那些在金融行业做得出色的同学，无论是做投资银行的风险控制分析师，还是做资产管理公司的分析师，他们的父母大多在银行、证券、会计师事务所等金融机构工作，甚至有些是金融机构的高层领导。他们从小耳濡目染，而我对最基础的金融运作逻辑都缺乏直观的感知，从源头上落后十多年。

金融行业高度依赖经济资本，找实习工作的经历更是让我对从事金融工作彻底失去了信心。2016 年，我向花旗银行投递了简历，申请暑期实习的工作。我一路过关斩将，通过了三轮英文面试。后来，我接到了人事部门的电话："恭喜，你被我们的实习项目组成功录取了。你需要在我行存入 50 万元人民币，冻结半年后可获得实习机会。"当时我家经历了一些经济突发状况，账户里几乎没什么存款，我也因此而失去了实习机会。还有一次，我投递了简历去争取普华永道暑期实习的机会。负责人要求我联系两三家温州当地的家族企业，年营收额要达到 4 亿元以上，查清楚其业务和内部家族成员的控股情况，并写一份调查报告。我四处打听，却找不到这样的企业，实习机会再次落空。

一些金融机构的主要客户是高净值群体，有些实习项目被用来增加业绩。这种隐形门槛让我深刻认识到，金融行业里的一些实习机会不仅要靠个人能力争取，还要有一定的人际关系网络和资源。

另外，我也不具备突出的数理分析能力。随着金融投资市场的日益复杂，全球的商学院纷纷开设了金融数学、金融工程等专业，倾向于培养具有量化分析能力的人才，当时这些专业非常热门。然而，我对数字并不敏感。高考数学满分是 150 分，而我只考了 90 多分。大学时，宏观经济学、统计学、财务报表分析、金融衍生产品等课程并不是我的强项，我很难提起兴趣，考试通过后相关知识就被迅速忘记了。相比之下，我身边继续深造金融专业的同学大多选择了商业数据分析、金融数学等课程，优秀的同学在本科阶段就考过了特许金融分析师（CFA）三级。

我也曾向他们看齐，以为努力能补齐短板。2016 年，我报考了 GMAT 考试（全球商科与管理类研究生项目的标准化入学考试），它主要考察定量推理和综合推理能力。北美排名前 100 的商学院大多要求申请者考到 700 分以上，我只考了640 分，而与我同专业的好朋友们则考到了 700 分以上。如果我继续走商科路线，就很难申请到理想的商学院，更别提拿到奖学金了。因此，不得不承认，无论多努力，我在金融专业方面都很难像我的同伴那样出色。一位好朋友劝我："你好像对商科不是很感兴趣，感觉你不太适合啊。"

我心里一震：我的相对优势到底是什么呢？

我开始反思，从小到大哪些事情让我收到的正反馈最多？那当然是演讲、主持等表达类的活动。每次站在舞台上，我就进入高度专注的状态，能量从全身涌出。大学期间，我凭借演讲比赛拿下全国奖项，还因演讲获得免费出国交流的机会。令我印象很深的一次是在省级的大学生英文演讲比赛上，来自《中国日报》编辑部的评委点我的名字告诉主办方："我第一次见到演讲台风这么好的孩子。"

于是，我考虑换赛道。

我转战参加了 GRE 考试（美国研究生入学考试，适用于申请理工科、人文社科等专业的教育项目），一次就考到了 320 分（满分 340 分），是两周假期培训班里的最高分。大家都觉得 GRE 考试的文字推理部分很难，但我觉得还好。一起学习的同学还会跑来向我请教数学题，并不是因为我数学成绩好，而是因为我能顺畅地读懂全英文数学题。

我当时想报考传媒方向。但是，我研究了一下申请新闻专业的中国留学生的背景，我似乎也没什么优势。他们基本毕业于中国最知名的传媒院校或语言类院校，有着丰富的老牌新闻机构的实习经历，也有在校期间的访谈代表作品，包括纪录片、特稿、摄影作品，而这些我都没有。

但如果将金融专业能力（60 分）、英文演讲能力（90 分）和国际交流经验（80 分）结合，转而申请财经新闻方向，我是否能形成相对优势呢？我是我校金融专业学生中最擅长演讲的，我在全国的传媒本科生中也算是比较懂财经的。

2016 年秋天，我申请了 6 所北美新闻学院，最终获得 4 份录取通知书，其中有 3 所学校提供奖学金。负责财经新闻方向的教授曾是《华尔街日报》的资深财经记者，他给我发了录取通知书，告诉我："你有申请者中极为稀缺的背景，新闻行业需要既懂金融又善表达的人。"最终，我选择了提供 3 万美元（约合人民币 20 万元）奖学金的波士顿大学。就这样，我将我的长板、中板和短板拼接起来，在细分领域使其变成了长板。

尝到了相对优势的组合策略的甜头之后，我在求职的路上也经常使用这个方法。2019 年年初，硕士毕业的我去应聘香港《南华早报》的工作。和我一起申请职位的有数千名全球知名高校的毕业生，包括哈佛大学、哥伦比亚大学、加州大学伯克利分校、香港大学的毕业生，很多还是从小在英文环境中长大的。在通过多轮笔试和面试的人中，会用英文写报道并不算什么突出的优势。我找到了三个差异化的点：我有金融专业背景；我在中国内地长大；我会拍摄、剪辑视频。

2019 年 4 月，《南华早报》的首席执行官与多位主编线上面试我，我尽可能让他们看见我身上具备的能力。当时，正值该报社想要和彭博社、华尔街日报社、路透社等老牌的西方主流新闻机构竞争的当口，战略上倾向于大力发展财经新闻、讲好中国故事。我告诉首席执行官，我不光有金融专业背景，而且在中国内地长大，能够做出西方主流媒体做不出的深度报道，找到他们难以发现的角度，我希望用我的力量帮助北美的读者看到一个更加全面、客观的中国。主编们问我有哪些值得骄傲的视频作品，我让他们看我的作品集。他们发现我是诸多申请者中为数不多的既会独立制作纪录片，又会上镜播报的人。就这样，我成功进入了英语国际新闻行业。和我一起入职的还有 4 位年轻人，其中有 3 位是香港本地人，1 位是美籍华人。

试用期轮岗过后，3 位香港本地人想去财经组，但名额只有 1 个，最终主编把我派去财经组。就这样，曾经让我心灰意冷的"金融短板"变成了我在财经新闻行业的"长板"。

工作后，我经常鼓励比我年轻的朋友们：与其盲目补短板，不如学会组合优势，找到属于自己的稀缺价值。2020 年，一位在香港读书的粉丝向我咨询，她希望加入《南华早报》，但觉得个人条件不突出。她曾报道过法律新闻，却没有法律专业背景，英文水平与竞争者相比也不算拔尖。我告诉她，流利写英文新闻稿的人很多，但懂中国法律、能获取法律线索的英文记者极其稀缺，这正是你的相对优势。几周后，她被成功录取了。

你不需要成为行业的天花板。关键在于，你是否愿意跳出传统思维的束缚，把看似普通的背景、经历、兴趣点进行重组，为这个世界做出独特的贡献。我们往往执着于向外寻找金子，却忽略了自身早已蕴藏的宝藏。人生的意义不在于成为全能人才，而在于在特定领域成为不可替代的人。

非塔尖优势

我们习惯性地认为金字塔顶端的群体拥有绝对优势，但若从人生选择的丰富度和精神自由度切入观察，非塔尖阶层反而掌握着独特的战略主动权。

不可否认，塔尖的人可以随时移居世界任何地方，调动庞大的资金和社会关系网，不必为了生计工作，但是普通人仍需用劳动换取收入，满足衣食、教育、医疗、住房等需求。然而，自由的本质并不仅是"能做什么"，而且是"想做什么"。虽然塔尖的人拥有各种资源，但他们的选择仍然受限于社会期待、身份认同和自我实现。**财富是工具，但不是通向幸福的唯一路径。**

　　人往往习惯向上看。塔尖阶层向上看，几乎没有可以参照的榜样了；而塔中阶层向上看，有不同成就水平的榜样可以效仿，只要稍加实践，就能小有成就。塔中阶层既可以借助个人优势、时代机遇接近或成为塔尖阶层，也可以在塔中偏上的区域做小而美的事业，收获财富，得到圈内人士的尊敬。图 2-1 呈现了塔尖阶层和塔中阶层的不同。

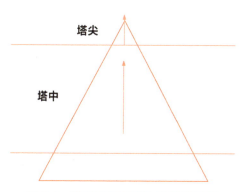

图 2-1　塔尖阶层和塔中阶层的不同

　　对塔中阶层来说，从起点到塔尖之间的路径可以自由选择，而塔尖阶层的上升空间很小。

　　我身边创业的在塔中阶层的朋友，有的做小商品跨境电商，有的卖手工布包，有的做留学咨询，有的开文身馆……每年有几十万元甚至几百万元的利润，这让他们拥有了非常高的生活质量和很大的成就感，既能做自己喜欢和擅长的事情，又能通过做这些事情养活自己。他们可以选择扩张，也可以选择维持现状，不必背负时代变革或家族荣耀的重压，只需把手头的事情做好，实现可持续发展。

然而，塔尖的人很难实现这种进退可守的状态，他们必须追求利润或产业规模，还要构建商业帝国，甚至改写人类社会的命运。想象一下，脸书（Facebook）创始人扎克伯格的孩子，假设他对面食有极高的热情，那么他有没有可能在自家门口开家早餐店卖肉包和豆浆呢？2024 年，Meta[①] 第四季度的营收就有 483.9 亿美元。即便他在中国开几千家早餐连锁店，做到上市，也不过是大概 10 亿元人民币的年收益。这样的规模根本无法企及父辈的高度，也没有办法实现他革新人类科技的使命，甚至可能被他所在的圈层嘲笑。

塔尖的人并非没有选择，只是他们付出的代价会更高。他们无法接受小有成就的生活方式，因为这意味着"失败"。

---

① Fackbook 于 2021 年更名为 Meta。

埃隆·里夫·马斯克（Elon Reeve Musk）作为地产商、翡翠交易商的孩子，从小有着伟大的梦想。他想让人类实现星际移民，不必因地球资源耗尽而灭绝。他的成长环境和接收的信息不可能将他塑造成一个在自家门口开家早餐店就能满足的人。他们注定要成为冲破塔尖、书写人类历史的人。无论下沉市场里的路径多丰富，都不可能是他们的选择。

再看看家族经济资本离塔尖略有差距的斯坦福大学、麻省理工学院、哈佛大学的顶尖学生。他们看起来无所不能，可实际上能选的路也不多。在斯坦福大学热门的人生设计课上，学生被要求画出五年人生规划思维导图。他们的路径无非毕业后创业，一两年拉到投资，让公司五年就上市，或者创办非营利组织，三四年实现指数级增长。但是，当教授们让这些学生对这些规划与内心愿望的知行合一程度进行打分时，他们只打了 50 分左右，而满分是 100 分。

早在 2014 年，原耶鲁大学教授威廉·德雷谢维奇（William Deresiewicz）就批评了美国精英教育的失败。那些看似光鲜亮丽的常春藤毕业生，实际上被教育体系困在了人生的牢笼里，失去了自我。他们聪明却迷茫，焦虑又胆怯，他们成了高级的"工具人"，表面光鲜的背后是内心的空虚与挣扎。大多数常春藤学生最终走上了相同的道路：去华尔街成为精英，年薪几十万美元，每天工作十几个小时。哪怕并不喜欢这份工作，他们也要满足父母和社会的期待。他们不知道自己真正想要什么，或者即使知道，也不敢去尝试。

这让人不得不思考，站在塔尖的人，真的就可以自由地做一切想做的事情吗？

精英教育正在制造目标通胀。当改变世界成为人生成就的基本门槛时，这些起点极高的人在同伴的攀比压力下，有时甚至不惜铤而走险。这正是曾被誉为"女版乔布斯"的伊丽莎白·霍姆斯（Elizabeth Holmes）走向造假的深层动因。她出身名门，9岁立志做亿万富翁，19岁从斯坦福大学辍学创业，凭借"一滴血"检测多种疾病的想法创立公司，公司估值一度达到百亿美元，31岁被《福布斯》评为全球最年轻的白手起家女亿万富翁。然而，为了证明自己能力出色，满足父母的期望，她不惜造假夸大公司的技术实力和业务前景。高期望和攀比心促使她不择手段，最终骗局被戳穿。她被起诉犯有多起诈骗罪，获刑11年。

起点很高的人看到的是比他们更高、更强的人。塔尖的枷锁不在于财富本身，而在于身份认同。他们已经站在了巨人的肩膀上，只能继续向上走。哪怕巨人肩膀上的事业并不是他们热爱的，他们一生也不可能跳到平地上，做普通人做的事情。

普通人面临的是柴米油盐、稳定体面的生活愿景，而含着金汤勺出生的人则面临着引导世界政经格局的压力。塔尖阶层像珠穆朗玛峰的攀登者，他们只有一条路——不断向上攀登，否则就是失败者；而塔中阶层则像徒步旅行者，他们可以自由选择路线，有时欣赏风景，有时挑战难度，有时驻足休息，也就是他们可以咬咬牙登顶，也可以随时放弃。

自由的本质不是能不能做任何事，而是有没有权利选择自己想要的生活。塔尖阶层拥有很多资源，但往往受限于他人对其身份的期待，他们必须维持荣耀的家族或社会地位，不能做他们眼中下沉市场的事情。塔中阶层的自由在于他们可以采用低成本、低风险的方式尝试不同的生活，做自己喜欢且擅长的事情，自洽地过完一生。

这就是我信奉的"非塔尖优势"。虽然我们做不了塔尖的人能做的宏大之事，但我们能做让自己愉悦、小而美的事情。我们各自有属于自己的人生课题和使命。

在这个世界上，没有谁必须依靠补齐短板才能生存，更没有一套普适于所有人的成功模板。我们都曾在别人的标准里挣扎过，但最终发现，**真正的竞争力从来不是来自"平均实力"，而是来自专注且持续被放大的长板。**相对优势的美妙之处，正在于它赋予我们每个人重新定义自我的权利：我们不必强求自己成为全才，也无须担忧短板的存在。只要我们明确自身优势所在，敢于将天赋与兴趣结合，持续投入，我们就能在属于自己的赛道上跑出个人最好的成绩。

找到属于你的相对优势，并且坚信：你不需要超越所有人，你只需要超越过去的自己。这个世界会因你独一无二的优势而变得不同。

第 3 章

利用信息差占据认知先机

在这个信息过载的时代，每个人都能轻松接触到海量信息，但真正能利用信息差创造机会的人却少之又少。

信息差不仅是"你知道，而别人不知道"的差别，更是你能否比别人更快、更多、更深入地掌握有价值的信息并将其转化为优势的差别。它影响着商业机会、职业发展、人际网络，甚至个人成长的每一个层面。

掌握信息差的人往往能以较低的成本撬动更大的机会，他们善于从海量信息中提炼出价值，并迅速将其转化为行动优势。然而，信息差的优势不是与生俱来的，它是一种可习得的能力。本章将从五个方面探讨如何培养利用信息差的能力，包括主动搜索信息、提升信息质量、拓展人际网络、突破语言壁垒，以及抓住时间窗口。

人与人的差别在于信息差

我时常在我的自媒体账号上分享有意思的英文原版书和播客内容，也告诉大家如何搜索这些资源，鼓励年轻人主动获取优质信息，顺便提高英语水平。每次分享后的反馈既让我感到欣喜，又让我感到无奈。大部分观众看完视频很快就能找到资源，但总有年轻观众留言："你推荐了很多好资源，可是我用浏览器都找不到。对于我们这种普通人，想学习都很难找到好的资源。"我回复他们说，网络上搬运海外热门访谈节目的频道数不胜数，用英文关键词在搜索引擎中搜索一下，就能找到博客、刊物、播客的官网或第三方聚合网站。我以为有了这么清晰的指引，他们一定能找到。没想到，一条条回复弹出来："怎么搜索啊？我不会呀！""这能打开？"

看到这些留言，我脑海中浮现出一个熟悉的寓言故事。一个孩子从小被父母宠爱，父母必须外出，怕他饿着，临行前在他脖子上挂了一块大饼。然而，父母回家后发现孩子竟然饿死了，因为他只吃了嘴巴够得到的部分，懒得转动脖子吃别处的饼。

故事里的"饼"正像网络里的信息。如今的信息唾手可得，很多人并非缺乏资源，而是缺乏主动寻找和利用资源的意识与能力，只等待着他人投喂。也许因为一些年轻人小时候被父母和老师照顾得无微不至，习惯了被动获取信息，慢慢失去了主动搜集信息的能力。再加上社交媒体算法的推波助澜，信息茧房效应让他们接触的信息变得少而重复，久而久之，他们对未知世界的探索欲望和能力被削弱了。

这就造成了人与人之间的信息差。信息差是知识的鸿沟。这种信息不对称的现象贯穿商业、学术、个人发展和社会生活等各个领域。掌握信息差的人往往能以较低的成本撬动更大的机会，他们善于从海量信息中提炼出价值，并迅速将其转化为行动优势。

我的隔壁邻居就是一个善于利用信息差的人。她和我同一年出生，同是教师家庭长大的孩子。2010 年，我们初中毕业，我准备进入温州中学，而她却放弃了被保送温州中学的机会，选择去新加坡留学。我很好奇她是如何做到的。原来，新加坡政府来温州招募初中尖子生，为达到保送温州中学标准的孩子提供全额奖学金与生活费，供他们读高中和大学，还提供新加坡永居身份，条件是毕业后在新加坡工作 5 年。她果断参与了这个项目。而当时的我没有得到相关信息，自然也就失去了这个机会。

2021 年，她在新加坡国立大学取得了金融类专业的硕士学位，进入普华永道担任风险与资本管理助理，随后又到华侨银行担任风险组合助理经理。

我小时候也有留学梦，但是邻居家的孩子超前探索了另一种升学路径。同样的起点，因一条信息差，她的人生快进了 7 年。这让我深刻认识到，信息差如同一把钥匙能打开通往广阔世界的大门，能否抓住机会取决于我们是否愿意主动寻找和利用信息。

我的一位研究生同学利用信息差的能力也让我非常钦佩。她本科在浙江传媒学院就读，学校提供到英国合作院校做交换生的机会，但要求学生提供雅思或托福成绩。这位同学来不及考出语言成绩，便询问学校行政老师有没有解决办法，得到的答复是不考出雅思或托福成绩就不能作为交换生出国留学。但她渴望体验全英文的教学环境，便斗胆给英国的合作院校发了一封邮件，表示自己虽无语言成绩，但很想前去学习。没想到，英国学校的招生办直接邀请她去学习，不必担心语言成绩。就这样，她绕过了学校工作人员设置的门槛，获得了做交换生的机会。

她不仅在本科阶段巧妙利用信息差获得了新的机会，还在研究生阶段继续发挥这个优势。2017 年，她和我都拿到了波士顿大学新闻系研究生项目的录取通知书。入学前，我们在新生群里互加了好友。刚通过好友请求，她就问我："你有没有拿到奖学金呀？"我说："拿到了呀。"她又问我拿到了多少。我告诉她，一共 3 万美元，每学期发放 1 万美元，分 3 个学期发放。她惊叹道，她一学期只有 2500 美元。于是，她给波士顿大学的招生办写了一封简短的邮件，询问能否让她的奖学金多一点。没想到，学校直接答应了，将奖学金额度提高到了一学期 5000 美元，3 个学期加起来就能达到 15 000 美元。原来，我们入学那一年，学校刚好赶上了校友捐款，给国际生多发一点奖学金也就成了相对容易的事情。

她的机智策略给我带来了很大的启发：很多时候，我们只需要主动打听一下，机遇就冒出来了。

然而，信息差优势不是与生俱来的，它是一种可习得的能力。每当面对一个问题，我们可以问自己：是否还有其他信息可以帮助我找到答案？是否可以通过多一层探索发现新的机会？当你告别被动投喂，迈出主动搜集的第一步时，就已经比大多数人领先一大步了。

培养捕捉优质信息的能力

如果我们把信息比作一条河流，寻找优质的信息就如同寻找清澈的饮用水。想要畅饮纯净的甘露，我们必须追溯到河流的源头，确保水源纯净。上游清洁的水可以滋养我们的身心，而下游浑浊不堪的水则可能给我们的健康带来隐患，堆积的毒素会慢慢侵蚀我们的身体。同样，在信息的洪流中，信息的质量决定了我们认知的深度与清晰度，而认知的质量又会影响我们的决策质量。

那么，如何分辨信息是否优质呢？我们首先要明白信源、一手信息和二手信息的区别。

信源是指信息的最初来源，即信息最初产生或被记录的地方，没有经过中间环节的加工或转述。信源是信息传播的起点。一般来讲，信息都有其信源，例如，一篇学术论文的信源是发表该论文的学术期刊，一场新闻事件的信源是现场的目击者。

一手信息是未经加工、直接来自信源的信息。一手信息是最接近原始信息的内容，通常被认为是最可靠和最准确的，如调研数据、原始文献等。它独特且新鲜，能够让掌握者在认知上领先一步。信源是信息的根，而一手信息则是从信源直接提取出来的内容。例如，学术期刊是信源，而论文是以信源为基础的一手信息。获取一手信息有一定难度，需要你亲身参与，投入时间、人力等资源。

　　二手信息是经过他人整理、归纳和传播的内容，如新闻报道、研究评论或市场分析。由于二手信息可能会被修改、删减或重新解读，信息的完整性和准确性也会受到影响。这类信息获取成本低，但可能存在偏差或滞后性。举个简单的例子，当一名记者在采访时直接向知情人获取事件细节，这是高价值的一手信息，而普通读者通过阅读新闻报道了解事件，然后进行解读，这就属于二手信息。我们在网上看到的书评、影评和社交媒体上用户分享的新闻评论与观点，都属于二手信息。虽然二手信息可以帮助我们快速建立认知，但它的深度和准确性永远比不上一手信息。对于二手信息，我们需要对比多重信源来核查，以保持独立思考。

　　如今我们接触到的大部分信息其实是二手信息，甚至是三手、四手信息。如果传播者有较好的教育背景与学术素养，有实力且愿意最大程度保留一手信息的关键内容，那么信息接收者仍然可以获得"营养"。这种转述的内容会比一手信息更容易理解和消化，能够为信息接收者省下不少时间。但如果传播者的理解水平不足，甚至有恶意扭曲、博眼球的意图，那么大众不仅无法获得任何"营养"，还会被深深地误导，形成错误的认知。错误的认知又会进一步带来错误的决策，增加人生失误的风险。因此，**年轻人要为自己打造健康、均衡的"信息饮食"，千万不能失去查证一手、二手信息的能力，否则等于将自己的大脑认知、人生决策的权利彻底放弃了。**

以我们耳熟能详的"1 万小时定律"为例。这个定律在企业、学校甚至家庭中被广泛传播，似乎成了成功的秘诀——只要投入足够多的时间，任何人都能在某个领域脱颖而出。然而，"1 万小时定律"真的准确吗？有多少人亲自核验过它的真实性？如果我们追根溯源，就会发现这个定律其实是被媒体二次加工后得出的，它与最初的研究结论存在巨大偏差。

1993 年，佛罗里达大学的心理学家安德斯·埃里克森（Anders Ericsson）发布了一项研究，探讨刻意练习与专家表现的关联。研究涵盖小提琴与钢琴演奏两个领域，通过问卷、访谈和日记收集练习时间、练习方式及个人表现的数据。研究发现，专家级演奏者的练习时间显著高于优秀的演奏者和音乐教育专业的学生，差异从儿童时期开始。至 18 岁，专家级小提琴演奏者平均累计练习时间约 7410 小时，而优秀的演奏者和音乐教育专业的学生累计练习时间分别约 5301 小时和

3420 小时。钢琴演奏者实验显示，专家级演奏者的练习时间分布均匀、强度高，平均每天练习约 3.5 小时，而业余爱好者仅约 1.3 小时。埃里克森发现，成为专家级演奏者通常需要至少 10 年的刻意练习，而非通过 1 万小时的练习就能成为专家。而且，练习的质量、方法比时间积累更重要，如果只是简单地重复，则是无效的。若无技艺高超的教练进行针对性指导，若无高强度的训练及高质量的反馈与改进，练习者不可能达到专家级水平 [1]。

　　然而，2008 年，《纽约客》（The New Yorker）撰稿人兼知名作家马尔科姆·格拉德威尔（Malcolm Gladwell）在《异类》（Outliers）中将埃里克森的"刻意练习"包装成了"1 万小时定律"，声称"研究人员已达成共识，认为成为真正专家的魔法时间是 1 万小时"。2014 年，埃里克森指出，该定律并非其研究结论，而是格拉德威尔编造的理论，并列举三点错误：其一，顶尖小提琴手平均练习约 1 万小时，但这只是平均值，许多顶尖音乐家直至 20 岁时，其练习时间远少于 1 万小时，故将 1 万小时作为固定标准不准确；其二，刻意练习是有目的、有计划且需要专业指导的训练，仅靠时间积累是

---

[1]　Anders Ericsson, The Role of Deliberate Practice in the Acquisition of Expert Performance（Washington, D. C.: Psychological Review, 1993）.

不够的；其三，除了刻意练习，天赋、动机等因素也会影响最终表现。埃里克森批评道："将'1万小时定律'作为普遍标准会误导公众，使其误以为投入足够的时间就能成功，而忽视了刻意练习所需的正确方法和专业指导。"

当然，作为畅销书作家的格拉德威尔非常善于将复杂问题以简单、通俗的语言传递给大众，起到了不错的概念科普和励志的作用，这是他的这本书的社会价值所在。但是，站在读者角度来看，如果仅依赖二手信息，盲目相信"1万小时定律"，而不追溯埃里克森的一手研究信息，会有什么危害？这无异于在黑暗中摸索前行，却误以为自己走在光明大道上。没有正确的方法和好老师的引导，个体可能会在错误的道路上越走越远，花费数十年的时间进行低水平的重复，最终不仅无法达到更高的水平，还可能陷入深深的自我怀疑和挫败感之中。

所以，高质量的决策离不开优质、准确的信息。那些高成就人士的判断能力与决策能力未必高于普通人，但他们对信息质量确实有着严格的把关。我接触过一些投资人，每当我提及一个新的概念或趋势时，他们就会让我提供信息来源。只有在确认信息来源可靠后，他们才会进一步讨论。那一刻，我意识到，他们的思维方式与专业新闻记者极为相似——获取信息的第一步是先核实来源。对投资人而言，一条错误的信息可能意味着数百万元甚至数千万元的损失。因此，他们宁可保持谨慎，也不会轻易接受未经验证的信息。这种对信息质量的严格筛查，直接影响着他们的投资判断与风险控制。

那么，普通人该如何提高自己的信息辨别能力，建立更高质量的信息渠道呢？一个最直接的方法，就是在接收到一条信息时先问自己几个关键问题。这有助于培养批判性思维，避免盲目信任，也能让我们在信息的洪流中筛选出真正有价值的内容。

从以下 6 个方面入手，我们可以快速判断信息的真实性和价值。

（1）内容性质分析。我看到的是什么内容？是新闻报道、社交媒体上的帖子、学术论文，还是广告？它是事实，还是观点、意见？

（2）信息完整性判断。信息完整吗？如果不完整，缺少了什么关键细节？我们是否只看到了经过筛选的部分？

（3）信源可信度识别。信源来自哪里？是否值得信赖？

可信的信源通常来自权威机构、专业人士，并且在该领域有丰富的经验。而来历不明、未经证实的信息，可能存在偏见、误导或错误，我们需要格外警惕。另外，我们要特别注意"跨领域评论"。一个人只有在自己的专业领域发表观点才更具参考价值，如果他并非相关领域的专家，我们需要谨慎对待。

（4）证据核查。这条信息是否有具体的证据支撑？这些证据是如何被检验和核实的？任何有效的信息都应有数据、研究结果、专家引用或第一手资料作为支撑。我们需要判断这些证据是否经过了严谨的检验，还是只是片面的引用？是否存在错误或偏见？

（5）多角度分析。信息往往是多维度的，可能有不同的解读角度。你要学会从多个渠道获取信息，进行对比。即使你认为某个信息是一手的，也不要轻易下结论。例如，你采访了一个人，他告诉你一个故事，你最好再去就这个故事采访其他相关的人，看看他们的说法是否一致；或者你可以查找其他相关的资料，看看是否有不同的观点。通过多渠道对比，你可以更全面地了解事情的真相。一定要避免陷入单一视角的陷阱，要能够允许别人不支持自己的观点。你需要保持开放的心态，尽量从多个视角看待信息，理解其背后的复杂性和多样性，从而做出更为全面、客观的判断。

（6）信息重要性筛选。这条信息对我来说是否真的重要？在信息过载的时代，我们每天都被大量的信息包围，但并非所有信息都值得关注。如果一条信息对我们的决策没有直接影响，或者无法带来实际价值，那么我们无须浪费时间过度关注。这个筛选过程可以帮助我们避免被无关紧要的信息干扰，提升认知效率[①]。

综合以上 6 点，你要获得真正有价值的信息，就要尽量接近信息的源头。这叫"高保真原则"，即越靠近原始信息，信息的真实性和价值就越高。就像获取营养价值最高的食物一样，最好的方式是直接去农场、牧场、水库获取，而不是吃过度加工的食品。

如果想获取更具价值的信息，最理想的方式是直接向某个领域的顶尖人士请教。如果能当面采访行业前 10% 或前 1% 的专家，与优质信源交流，你将获得他们的独家见解。他们

[①] 这 6 个核心问题是根据比尔·科瓦奇（Bill Kovach）与汤姆·罗森斯蒂尔（Tom Rosenstiel）合著的《真相：信息超载时代如何知道该相信什么》（*Blur: How to Know What's True in the Age of Information Overload*）一书总结得来。

的回答往往比二手、三手信息更真实、更有价值。毕竟，当一条信息尽人皆知时，它的稀缺性和价值就会大打折扣。因此，越是难以在大众平台上找到的信息，往往越有价值。如果你能比别人更早接触到核心信源，就能抢占时间优势，避免走弯路。而且，采访不仅能让你获得信息，还能帮助你建立人际网络，为未来的信息获取奠定基础。

那么，问题来了——如何才能接触到高质量的信源呢？关键在于拓展信息获取渠道。在这个过程中，特别有效的方法之一就是撬动"弱关系"。通过拓展人际网络，突破原有的圈层，你可以接触到那些难以获取的高价值的信息，让你在信息传播的早期阶段占据先机。

发挥"弱关系"的强力量

很多人认为，最重要的信息来自亲密的家人、朋友或长期合作的同事，即所谓的"强关系"。我们习惯于与志趣相投、价值观一致的人交往，而对那些与自己不同、交谈不深的人保持距离。然而，真正能带来突破性认知增量的往往不是熟人，而是我们较少接触但仍保持联系的"弱关系"的人。

社会学家马克·格兰诺维特（Mark Granovetter）在 1973 年提出了"弱关系的力量"（The Strength of Weak Ties）理论。他的研究发现，大多数人找到工作，并不是通过正式的求职渠道，而是通过社交网络中的非正式引荐。真正能带来新机会的并非亲密的家人、朋友或同事，而是那些不常联系但仍有一定连接的人，也就是"弱关系"[①]。

为什么"强关系"的帮助有限？因为我们的亲密圈子往往由与自己背景、行业、收入水平相似的人组成，信息的重叠度很高，虽然我们能得到支持和归属感，但难以突破信息壁垒。如果不主动打破这个圈层，我们的认知范围就会被固化。

保持"弱关系"的人可能是我们参加过活动但没有深聊的朋友、曾经的合作伙伴、行业里的松散关系、在社交媒体上有互动的人、在同一个社群的成员等。信息差在"弱关系"网络中更容易出现，这是因为"弱关系"连接了不同的社交圈层，能够跨越信息孤岛。这些我们不太熟悉的人往往成为我们发现新机会、连接新资源的关键。

[①]　Mark Granovetter, *The Strength of Weak Ties*（Chicago: American Journal of Sociology, 1973）.

我在求职过程中深刻体会到了"弱关系"的影响力。临近研究生毕业时，我向国内外的一些新闻机构投递了几十份简历，但收到的回复寥寥无几。就在此时，我在波士顿大学传媒学院的校友群里看到了一位学姐的帖子：香港《南华早报》正在招新人。我和这位学姐并不熟悉，但是我想她既然在校友群里，应该是可以信任的。于是，我毫不犹豫地投递简历，没想到很快就收到了笔试和面试通知，最终顺利入职。

一年后，我决定从《南华早报》离职。当时，一位我在大学演讲比赛中认识的北大毕业的姐姐刚好在香港工作，我们约见了一次。在了解了我的情况后，她随口问道："你对教育行业感兴趣吗？"当我表示有兴趣时，她立刻向我介绍了她的北大室友，对方正好在一家 500 强教育企业担任高管。就这样，我获得了面试机会，并最终顺利进入国际教育领域。

我的两次职场经历都得益于"弱关系"的助力。

很多人可能会担心：主动建立联系是不是很难？该去哪里寻找"弱关系"？事实上，建立这种"弱关系"远比我们想象的更简单，只要你肯主动打招呼，大概率可以建立初步的连接。

2021 年，一位初中生的主动出击能力让我惊叹不已。她在哔哩哔哩网站看完我的英文演讲视频后，给我发私信表达她的喜爱，并希望获取联系方式以进一步探讨练习英语口语的方法。起初我没太在意，随后又收到她在微信公众号的留言。她还通过淘宝店找到了我的一对一课程入口，再次给我发私信。她坦言学校老师的发音和演讲风格未达到她的期望，看到我的视频后便渴望跟随我学习。她的执着打动了我，于是我们互加了微信。

之后，每逢学校有英语演讲比赛，她都会主动找我辅导，从措辞、语调到肢体语言，力求自信、自然地展示自我。她曾对我说："姐姐，许多同学上台时会感觉紧张，可是我很享受上台演讲的感觉！感觉特别好！"在这个交流的过程中，她的父母一次都没有出现过，都是她自己在微信上和我约课，提出想要专攻的课堂主题。比赛结束后，她会发来演讲视频让我给她一些反馈。看着她在台上抑扬顿挫、热情大方地谈论自己的观点，眼里有光，我仿佛看到了学生时代的自己，那种释放自我的感觉太棒了。我为她感到骄傲。

此后的 3 年里，她时常向我咨询英语演讲、写作技巧及升学、人际关系等问题。如今已是一名高中生的她，对传媒和心理学感兴趣。2025 年元旦，她带着朋友打车行驶近百公里来到我居住的乡村采访我，还拍摄了访谈纪录片作为留念。就这样，原本毫无交集的我们成了亦师亦友的伙伴。

这位同学的做法有没有给你启发？如果你觉得自己所在的熟人圈层无法帮助你接近目标，那就意味着你需要主动寻找圈层之外的人。想要突破信息茧房，就必须主动激活"弱关系"。这个世界上任何人都有可能成为你的朋友或指路人。1967 年，美国心理学家斯坦利·米尔格拉姆（Stanley Milgram）进行了一项著名的实验。他挑选了一些美国人，让他们通过熟人网络，尽可能减少中间人，将一封信送到目标人物手中。结果发现，大部分人最多通过 6 个中间人便可以完成目标。于是，他提出了著名的六度分隔理论（Six Degrees of Separation），其核心观点是你和世界上任何一个陌生人之间的关系链最多只需要 6 个人来连接。换句话说，你想找到的任何资源可能只需要 6 步就能触达。

事实上，后续众多研究结果表明，与目标人物建立联系所需的中间人数量远比想象中少。2011 年，脸书（Facebook）团队和米兰大学对 7.21 亿用户的数据进行分析，发现全球每两个用户之间平均通过 4.74 个人就能够建立联系。该公司在其研究报告中写道："即使考虑到偏远地区的脸书用户，比如位于西伯利亚冻土带或秘鲁雨林中的用户，你朋友的朋友也很可能认识他们的朋友的朋友 [①]。"总之，地球比我们想象的更小。

如何利用六度分隔理论找到你感兴趣的人？

首先，从你现有的人际网络开始着手。先列出你认识的人，看看他们是否可能认识你想接触的人，然后尝试约他们出来见面。

其次，借助网站和社交平台加速连接。领英（LinkedIn）、微博、微信等社交网络能帮助你快速发现共同好友。例如，在领英上，你会看到"某某与你有 3 个共同好友"，这就是六度分隔理论的实际运作方式。此外，有行业影响力的人通常会有自己的网站或社交媒体主页，你可以关注他们并时常与其互动，或者给他们发邮件直接提问。

再次，通过社交活动扩大交友范围。无论是线下活动还是线上活动，如行业论坛、创业社群、培训班、读书会等，

---

① Markoff, J. and Sengupta. S., *Separating You and Me? 4.74 Degrees*（New York: The New York Times, 2011）.

都是拓展"弱关系"的绝佳机会。

最后，直接请求引荐。如果你知道自己的"弱关系"中可能有人认识你想认识的人，可以直接提出引荐请求。

其实，你不必害怕社交，大多数人比你想象的更加热情、友善。作为一个内向者，我曾硬着头皮给我感兴趣的人发邮件，请求采访，虽然不少邮件石沉大海，但总有几个人愿意和我沟通。就这样，我写出了独家新闻报道。慢慢地，我的脸皮也就不那么薄了。人生路上总有人会和你擦肩而过，也总有人愿意停留，和你交流。

"弱关系"不仅能为我们带来资源和机会，更能让我们拓宽视野、转变思维方式。 我们与不同背景的人交流，可以接触到多元观点，打破自身的认知局限。因此，利用"弱关系"，搭建属于自己的私人"智囊团"，是极为重要的一步。

这个"智囊团"可以由行业先锋、跨界人才、职场资深人士或年轻新锐组成。你的连接节点分布范围越广，信息来源就越丰富，你的认知也会持续升级。只要某个人身上有你想学习的技能、特质，或者具备你感兴趣的知识，你就值得将其纳入自己的"智囊团"。你要主动向他们请教，因为这些人的经验和洞见可能是你穷尽一生都未必能摸索出来的。

即便这些人不在你的朋友圈中，你依然可以借助互联网接触到他们——收听他们的访谈，阅读他们的作品，学习他们的思想。只要方法得当，这个世界上最聪明的大脑都可以成为你的"私人导师"，助力你的人生成长。

利用全球信息差，占据先发优势

信息质量直接影响我们的决策。然而，在全球化的今天，高质量的原始信息可能不是以我们的母语呈现的。要获取准确、完整的信息，我们必须回溯到源头语言。这不仅是为了获取原始数据，更是为了理解其背后的文化、经济和科技背景。毕竟，语言不仅是符号的载体，更是深层信息的灵魂。

每种语言都承载着独特的文化、经济和科技信息，形成了天然的信息壁垒。例如，想深入了解中国传统文化，必须懂中文；想掌握前沿科技知识，英语是必不可少的。你已经掌握了世界上最难的语言之一——中文，如果再精通一门全球通用语言——英语，你将拥有信息优势，能够在更广阔的世界中获取先机。

很多领域的佼佼者敏锐地发现了跨语言、跨文化之间的信息壁垒，抢先挖掘到了新的市场机会，从而获得了丰厚的经济回报。

我身边就涌现出了许多这样的例子，他们借助语言信息差的优势，在外贸行业实现了从无到有的华丽转身。

以思思为例。她在本科与研究生阶段分别主修英语和金融，毕业后在美国做金融产品销售，回国后供职于杭州的一家公司。后来，该公司业务调整，她所在的部门迁往上海，员工可选择随同前往。但她需要照料孩子，便决定留在杭州自主创业。

在研究亚马逊购物平台时，她注意到海外市场对解压玩具和宠物服饰有旺盛的需求，尤其是新冠肺炎疫情防控期间，解压类小商品持续热销，如指尖蠕虫、电子回旋陀螺仪和呕吐蛋黄玩具。其中，呕吐蛋黄是一种带表情的小球状玩具，用户按压时会流出类似蛋黄的黏液，松手后黏液又会自动被吸回去。这种奇特有趣的使用体验让这款玩具深受海外消费者欢迎。

发现这个商机后，思思通过义乌批发市场进行低价采购，然后通过亚马逊平台加价销往海外。例如，一件淘宝售价仅20 元人民币的宠物服饰，在亚马逊可以卖到 20 美元（约合人民币 144 元）。依靠语言优势和敏锐的信息捕捉能力，她选中的品类经常卖断货。就这样，她开拓了跨境电商的创业之路。

和思思类似，我的大学同学徐海宁也靠信息差赚到了人生的第一桶金。高中时，徐海宁的父亲不幸去世，这让他很早就背负起了家庭的经济重担。大学期间，他不断尝试各种创业项目：从深圳华强北采购手机到温州售卖，走访咖啡馆向老板学习管理经验，自学编程并与同学合作开发校园应用程序……尽管这些尝试未能成为他最终的事业方向，却培养了他精准把握不同地区市场信息差的能力。

2016 年大三下学期的一天，徐海宁像往常一样浏览海外网站时，偶然发现脸书上有许多外国人喜欢在家中制作蒸馏精酿酒。他敏锐地意识到，这背后可能存在商机。他立即深入研究，发现精酿酒在国外早已形成成熟的消费市场，而国内市场却几乎一片空白。徐海宁迅速从各大生产商网站学习与蒸馏设备相关的技术知识，并主动联系了 2000 多个潜在客户。两三个月后，他陆续收到了来自美国和南非的订单，总价值约 30 万元人民币，并且客户一次性支付了全款。他告诉我，对国外这些采购商来说，二三十万元人民币只是一笔小数目，他们是抱着试试看的心态来采购的。如果产品符合他们的预期标准，未来就能长期合作。即便产品质量不合格，这点钱对他们来说也不算太大的损失。接到订单后，他在温州寻找合适的代工厂，最终顺利完成了第一批货物的交付。就这样，他收获了一批客户，第一年销售额达到 100 万元，第二年突破了 200 万元。

作为中间商积累了一定的资金后，他遇到了新的难题：生产力跟不上日益增长的需求，代工厂还盗用了他的技术图纸。于是，他决定转型，不再做中间商，而是打造自己的生产线。他倾尽创业所得，租了 800 平方米的场地，正式进入了重资产创业阶段。2018 年，他终于成功研发了属于自己的第一款小型精酿蒸馏设备。这款设备以纯铜为催化剂，酿出来的酒不用增甜剂也很甘甜，无须窖藏口感也很柔和。那一年，他的销售额达到了 300 万元。

此后，他的公司快速成长，还获得了当地政府的创业扶持，目前已拥有 14 名员工、40 多款产品。可见，打造创业"护城河"的成功离不开他最初捕捉到的跨国信息差。

全球信息差不仅意味着更多的商业机遇，也意味着更低的创业启动成本。

2021 年，我采访了一位"60 后"企业家，他的创业历程堪称中国外贸发展的缩影。他自小在农村长大，高中毕业后进入政府机关工作，30 多岁时选择下海经商，如今做太阳能电池出口生意，产品销往欧洲、北美和非洲等地，年产值已过上亿元。

我向他提出一个问题：创业是不是意味着前期投入巨大、风险极高，甚至九死一生？他的回答让我至今印象深刻：事实上，普通年轻人创业未必需要投入很多资金。如果你担心风险，可以选择做中间商，利用中外市场之间的信息差实现低风险创业。国内很多工厂老板年纪较大，又不懂外语，难以直接与海外客户沟通，因此特别依赖掌握双语技能的年轻中间商。只要你能洞察国外市场需要什么产品，手握一些海外客户资源，拿到订单再交给国内工厂代工，就能实现低成本创业。

中国是全球产业链最完整的国家，这种得天独厚的优势是其他国家没有的。只要有人存在的地方，就会有需求；而不同地区市场需求的差异正是天然的信息差，蕴藏着大量的低风险创业机会。

用外语捕捉优质信息差

利用信息差优势不仅有助于创业，而且对任何领域的工作和职业发展都有帮助，尤其是传媒行业。

在不同的语言环境里，信息的丰富程度是不一样的。有些话题在中文世界已经很常见，但在英文世界却很少人知道；而有些话题在英文世界早已被讨论得热火朝天，但在中文世界可能还无人问津。如果有人能把这些信息从"懂的人"传递给"不懂的人"，让信息流动起来，就能给接收这些信息的人带来全新的认知和体验，而传递信息的人也能在这个过程中收获意义。

我在从事新闻传媒工作的过程中，经常要在中英文语境之间来回切换，努力寻找那些还未被传播开来的好故事，以读者听得懂的方式把它们讲出来，从而获得广泛的舆论影响力。2019 年秋天，我在香港《南华早报》的文化组轮岗，该组的记者和编辑基本来自英国、意大利、澳大利亚、中国香港，英文是我们工作交流的语言。正值敦煌考古学家樊锦诗要来香港开讲座，讲座的语言是普通话，可是我们组的老成员没人会讲普通话。于是，编辑就派我去报道。

我阅读了樊锦诗自传，检索了中文媒体对她的报道，并且搜索了关于敦煌的英文报道，巨大的信息真空刺痛了我。敦煌莫高窟，这座承载着千年文明的文化瑰宝已经走过了 1600 多年的岁月。它见证了藏经洞文书的肆意流散，承受了戈壁大漠日复一日的风沙侵蚀。如今，敦煌学在全世界蔚然成风，敦煌也被誉为世界上迄今为止时间跨度最长、保存最完整的佛教石窟遗产。樊锦诗作为我国著名的考古学家、"敦煌的女儿"，守护莫高窟长达半个世纪，中文媒体已经铺天盖地地讲过她的故事，但是主流的英文新闻媒体居然没有报道过她。

这份世界级的文化瑰宝，这么动人的守护故事，仍然沉睡在西方老百姓的认知之外，这是多么令人惋惜的事情啊！季羡林曾说："世界上历史悠久、地域广阔、自成体系、影响深远的文化体系只有四个：中国、印度、希腊、伊斯兰，再没有第五个。而这四个文化体系汇流的地方只有一个，就是中国的敦煌和新疆地区，再没有第二个。"樊锦诗和敦煌的故事值得被主流英文语境里的人听见。于是，我将樊锦诗的故事写成一篇英文报道，让订阅了报社文章的 100 万名北美读者都能感受到千年敦煌之美，以及它背后的了不起的人。

这篇文章获得了相当不错的反响。我更加确信，精通英文太有必要了。几个世纪以来，西方人一直视东方为神秘的国度，他们对东方的传统文化、哲学思想有着强烈的好奇心。

我在美国读研究生期间，经常会被外国人问道："你能不能教我中国功夫？"我说我没练过武术，对方很惊讶："难道中国人不是人人习武吗？"这也是为什么在 TikTok[①] 上，少林寺住持的视频浏览量可以达到百万人次。他用中式特色的口音，眼神坚毅地给外国人讲东方哲学，那些我们再熟悉不过的因果、贪嗔痴、身心合一等概念，外国人听来倒是全新的知识。外国人连连赞叹他的智慧，感谢他治愈了他们的抑郁和焦虑情绪。

类似的例子也发生在医学领域。马来西亚等国家和地区的中医大学的毕业生用流利的英文介绍了针灸、草药疗法，引发外国人纷纷自曝医疗病史，求医问药："我腰痛好多年了，西医看不好，能否帮我看看？""我有关节炎，我也想针灸！"

这些中医疗法在中国人眼里太司空见惯了，很多小孩子

---

① TikTok 是抖音集团旗下的短视频社交平台。

都知道。但是，这些传统医学知识渗透到英文语境中，就成了外国人以前未听过的奇闻，显示了巨大的信息差优势。

中国是世界上唯一文明未曾中断的国家，其历史记载之完整、传承之有序在全球范围内都是极为罕见的。但是，由于语言的屏障，中国仍有千千万万的话题未得到充分传播，精通英语、善于传播的人仍是稀缺人才。这就是时代给我们年轻人的机遇。如果你能够精通英文，捕捉到中英文语境的信息真空之处，用英文讲好自己家乡的故事，以西方人听得懂的方式，浅显、真诚地讲到他们的心坎里，这就是最高级的文化输出。

同样，从英文语境流入中文语境的反向信息差也蕴藏着财富。如果你能够直接获取英文语境中的高浓度信息，尤其是学术、科技、商业等方面，你就站在了信息的前沿。在过去的几十年里，英语一直是科学界的主导语言，超过 90% 的自然科学领域的索引文章都是用英语发表的[①]。对于重磅的研究结果，中国的研究人员也会优先考虑用英文发表文章，触

---

① Hamel. R., *The Evolution of English as the Dominant Language of Science: The Impact of English on the Scientific Community*（Lausanne: Frontiers in Psychology, 2017）.

达全球的科研社区。

此外，直接阅读英文原版书籍，也能确保你接收的信息不被折损。在中文图书市场，翻译作品占据了很大的比例，但并非所有书籍都能精准还原原著的精髓。这就造成了一个遗憾：许多真正高质量的信息无法及时进入中文世界。如果你的英文足够好，能读原版书，就能更快地获得认知优势，领先一步发现机遇。

掌握英文一手信息的价值远不止于知识的获取，它可能直接转化为你的收入增长点。新冠肺炎疫情催生的远程办公浪潮让数字游民从概念变成了现实：在巴厘岛的咖啡馆里，你能看到程序员正为硅谷初创公司调试代码；在普吉岛的海滩上，数字营销专家通过 Zoom[①] 向伦敦客户汇报方案。他们为海外公司提供技术服务以赚取更高的收入，同时生活在成本较低的发展中国家。根据 FlexJobs[②] 的调查统计数据及 Project Untethered[③] 的研究，数字游民的年收入通常在 5 万美元（约合人民币 36 万元）至 9.99 万美元之间（约合人民币

---

① Zoom 是一款多人手机云视频会议软件。

② FlexJobs 是一个专注于提供高质量远程和灵活工作机会的招聘平台。

③ Project Untethered 是一个帮助人们实现网络办公的平台。

72 万元）。这笔收入足以让他们在发展中国家过得很滋润。

数字游民并非语言信息差的唯一受益者。对那些更擅长内容创作而非技术开发的人来说，另一种机会同样诱人，即成为信息的"搬运工"。

如果你懂英文，就可以成为不懂英文的人的信息枢纽，提供二手信息，并且从中收取服务费。许多传统媒体和自媒体创作者正是靠此为生，他们或直接搬运内容，或在搬运的基础上融入解读进行再创作。譬如，2023 年，当大语言模型在北美掀起热潮时，一些国内创作者迅速捕捉到这个趋势，在视频平台上分享如何使用语言模型写代码、写文章、找答案，成功抢占了一波流量红利，然后卖课教网友如何运用这些 AI 工具。

此外，一些英文阅读爱好者将国外的知名博客专栏、播客和访谈翻译成中文，以每年几百元的价格出售订阅服务，也能获得可观的收益。

与这些"搬运工"相比，我的内容创作收入虽然不算多，但也让我看到了另一种可能性——通过挖掘信息差，创造整合和传递知识的价值。

以我的讲书视频为例。从 2024 年夏天开始，我将读过的英文原版书制作成讲书视频，分享给网友。我挑选的书籍大多是在英文语境中颇具影响力，但在中文语境中尚未被广泛关注的作品。得益于十多年英文技能的积累，我的词汇量超过 3 万个，阅读一本 300 页左右的英文通俗读物通常只需一周时间。把书读透，做成讲书长视频，这是我的内容创作优势。讲书视频在 YouTube[①] 上发布到第三条时，就出现了 10 万多人次的浏览量。此后半年内，我在 YouTube 上平均每个月的广告收入就达到了 870 美元。可见，基于语言信息差的内容再创作依然有着广阔的盈利空间。

如果你能熟练掌握英文，那么你不仅能为自己的职业发展赢得显著的信息差优势，更可能成为中国与海外信息往来的桥梁。你可以将国际前沿的学术知识、先进技术和理念引入国内，推动相关领域的发展。同时，你也可以将中国的声音传递到国际舞台，增进中外交流与理解。此外，你还可以通过分享学习经验、提供学习资源等方式，帮助那些英语水平有待提高的人跨越语言障碍、拓宽视野、实现自我提升。这种运用信息差的能力既成就了自己，也照亮了他人前行的道路。

---

① YouTube 是一个视频网站，供用户分享、观看及下载视频。

利用时间窗口，成为早期行动者

尽管许多人拥有大量知识和优质的信息，但在实际生活中，他们无法有效地将这些知识和信息转化为成果，也就是我们常说的"知易行难"。**当你察觉到信息差优势时，切忌被动等待，只有主动付诸行动，才能创造真正的价值。**

为什么这样说呢？首先，随着时间的推移，会有越来越多的人掌握同样的信息，信息差的稀缺性便会逐渐减弱，从而削弱了你最初的优势。其次，即使某个信息已广为人知，但由于个体的性格、习惯和行动力不同，真正付诸行动的人总是少数，能长期坚持、把事情做成功的人则更少。因此，**成为早期行动者尤为关键。记住这个公式：信息差＋行动力＝成就。**

当然，你不必非得做"第一个吃螃蟹的人"，适当观望并非不可，但也不能拖延太久以致错失先机。前面我们提到的做蒸馏设备的创业者徐海宁就是很好的例子。他刚开始创业不久，市场上就涌入了大量的竞争者。幸运的是，他行动迅速，通过研发独家设备专利建立了技术壁垒，成功占领了市场份额。后来加入的企业难以获得他这样的稳定客源，也很难达到同样的技术水平。

同样，我在回顾我的自媒体创作之路时，也深刻感受到了行动的重要性。2020年居家办公期间，我拥有了更多的时间，也产生了强烈的表达欲。当时我对哔哩哔哩网站的印象还停留在"青少年爱看的平台"。抱着试一试的心态，我开始创作与英语学习相关的视频。2021年3月，在连续发布了100多期视频后，我的部分作品的浏览量终于突破1万次，此后浏览量和关注人数稳步增长。到了2022年，我在哔哩哔哩网站上的粉丝已突破19万人，收入也超过了我当时工作的年薪。到2025年年初，我在哔哩哔哩网站上的粉丝达到了55万人，小红书、抖音、知乎等平台的粉丝也都突破了40万人。如果当时我犹豫不决，错过了网络知识内容需求爆发的窗口期，就不可能实现今天在山村居住、线上办公的理想生活。

总裁培训班里有一句流行的话："一家企业的成功，5%取决于战略，95%取决于执行。"这个理论对个人而言同样适用。**无论梦想多么宏伟，计划多么完善，能力多么出众，如果缺乏实实在在的行动，那么一切都只是空谈。**

总之，信息差如同一把钥匙，能够为我们打开通往广阔世界的大门。能否抓住它，往往取决于我们是否愿意主动寻找和利用它。改掉被动投喂的习惯，追溯优质信息的来源，撬动"弱关系"，突破语言屏障，无论走哪条路，最终目标都是将这些信息差转化为行动优势。

从今天开始，主动寻找那些隐藏在你周围的信息差，并将它们转化为你的行动力吧。无论是学习一门新语言、拓展你的社交网络，还是抓住一个新兴的市场机会，每一个小小的行动都可能成为你成长的基石。而你正是那个能够将信息差转化为成果的人。抓住现在的窗口，迎接属于你的未来吧。

第4章

通过"人文销售"提升
自己的影响力

在人工智能（AI）时代，真正让你不可替代的是什么能力？

在一个自动回复、数据筛选和算法推荐无处不在的时代，好像有越来越多的工作可以被复制、被替代，甚至被取代。技术飞速发展，让人与机器的连接前所未有地紧密，人与人之间的交流反而变少了。

面对这种趋势，未来社会真正稀缺的不再是技术或知识，而是无法被数字化的东西——信任、理解、连接与合作，也就是影响力。拥有影响力不是"让别人服从你"，而是"让别人愿意与你同行"；不是掌控别人，而是点亮别人；不是成为故事里唯一的主角，而是成为一个有召唤力的引路人。

本章将从人文销售、情绪价值、讲故事、合作借力和个人品牌 5 个维度出发，带你重新理解在 AI 时代，什么才是真正不可替代的影响力。

所有的工作本质上都是销售

销售，究竟是什么？狭义上，它是指将产品或服务传递到用户手中，通过有效的沟通与互动帮助用户解决问题、满足需求、创造价值。广义上，它是一种人与人之间持续交换信任的方式，是让别人看到你、理解你、认可你的过程。例如，求职面试是销售自己的劳动力，科研人员申请项目资金是推销自己的科研能力……正如 OpenAI① 的创始人山姆·奥特曼（Sam Altman）在其博客中写道："在某种程度上，所有伟大职业的本质都是销售工作。你必须向客户、员工、媒体、投资者等宣传你的计划。这需要鼓舞人心的愿景、强大的沟通技巧、一定的人格魅力和执行能力。"

然而，在我们的文化中，"销售"一词并不总是正面的，时常被误解为"花言巧语"和"投机取巧"。这种观念导致我们在职场中过于低调，进而丧失机会。职业天花板就是这样形成的。

黛博拉·刘（Deborah Liu）的职业生涯正是突破这种职业天花板的典型样本。

黛博拉·刘自幼浸润在少说多做的传统教育理念中。凭借优异成绩斩获杜克大学工程学院本科奖学金，继而从斯坦

---

① OpenAI 是一家致力于研究和开发人工智能技术的公司。

福商学院毕业。她的早期职业轨迹堪称亚裔精英的标准化模板。然而，入职波士顿咨询集团后，这个完美模型开始出现裂痕。她回忆道："我反复收到反馈，说我的分析能力很强，但在客户面前缺乏存在感。我很难理解这意味着什么。我的工作技能很扎实，为什么我会失败呢？"

尽管如此，她依然坚持原有的工作模式。2009 年，她加入了脸书，在那里工作了 6 年之后，她负责的游戏与市场营销业务所产生的收入占了网站总收入的 15%。她以为只要把活儿干好，大家就会看到她的贡献。然而，公司几乎没人注意到她做的事，晋升轮不到她。

面对这样不利的情景，她决定采取新的战术，每遇到一个同事就大声说出她在做什么项目，取得了什么样的成绩，需要什么样的资源和支持。其他部门的人知道了，就来帮忙。她用这样的方式与同事形成良性互动，提升了自己的影响力。这不仅推动了她的事业发展，还成功开辟了新的业务领域。2016 年，她顺利地晋升为脸书的产品管理副总裁。

如今，许多职场人士向她咨询，如何在职场中得到赏识和晋升。她总是建议他们，**大胆地说出自己的想法和理念，为自己争取权益。**她说："能够影响周围的世界，就是我们存在的意义。让我们一起重新夺回我们的力量。"

这个世界上有没有人能完全避开销售，只靠才华和技能，就能赢得机会？美国东北大学的物理学家艾伯特 - 拉斯洛·巴拉巴西（Albert-László Barabási）给出了否定的答案。

他在研究了体育、艺术、科学等多个领域的成就规律后发现：在结果可量化的行业（如体育），硬实力决定胜负；而在评价相对主观的领域（如艺术），成功更多取决于人际关系和影响力。更重要的是，大多数行业处于体育与艺术之间的"灰色地带"，结果难以完全被量化，既需要实力，又受主观评价、社会认可等外部因素影响。而且，即使在看似可量化的领域，个人技能很快就会触及天花板。大多数人的智商和能力处于平均水平，单靠硬技能难以出类拔萃。

巴拉巴西提到，在某个阶段之后，要显著超越同类竞争者变得几乎不可能。即使你是一位出色的外科医生、工程师或钢琴家，也总会遇到一些背景类似、能力相近、同样努力的人。你所能达到的高度，往往取决于别人如何看待你在这群优秀者中的相对位置。也就是说，真正拉开差距的不一定是能力，而是你能否被看见、被认可。

我们不得不承认，**无论你喜欢与否，销售都是我们与世界对话的语言，是每个人必备的生存技能。只有你主动推销自己，机会才会靠近你，资源才会为你所用，世界才会回应你的声音。**但问题是，对很多人而言，销售是一个被排斥的词，他们并不懂得如何面对真实的市场。朱老师的故事也许就是这样一类人的"觉醒样本"。

朱老师从一所师范高校毕业后，在中学做了 10 年老师。她的职业轨迹看似稳定，但在她心里，这份工作的吸引力正在逐渐流失。她喜欢教育，却不想继续当老师，于是决定离开。她加入了一家培训机构，从事培训产品经理的工作，开始探索职业发展中新的可能性。

然而，2020 年，新冠肺炎疫情暴发，线下培训业务陷入停滞。她敏锐地意识到公司的业务量慢慢萎缩，需要寻找让自己有更大成长空间的赛道。

于是，她做出了一个更大胆的决定：进入保险行业，从零开始学习销售。在许多人眼里，保险代理人是一个充满挑战甚至带有些许销售压力的行业，但朱老师看到了这份工作的本质——它能让她直面市场，挖掘客户需求，并建立自己的长期客户资源。

新冠肺炎疫情之后，人们的健康意识和风险意识大大增强，对医疗险、寿险、年金险的需求陡增。朱老师紧紧抓住这个趋势，选择了一家头部保险公司，每天拜访两三位客户。哪怕怀二胎期间很辛苦，她也坚持了下来。但她从不强制推销任何产品，而是站在客户的立场，为他们提供真正的风险规划与咨询服务，与客户建立了深厚的信任关系。

4年后，她从一个保险行业的新人成长为百万圆桌会议精英会员——这个奖项被誉为保险行业的"奥斯卡"。2024年，她又为自己增加了一个赛道——以营养师的身份进入大健康领域，叠加另一种轻创业模式，进一步提升自己的市场竞争力和个人附加值。

38岁的朱老师经常与20多岁的年轻人交流，她发现许多年轻人仍然憧憬着找一份一劳永逸的工作。但他们没有意识到，在经济波动越来越大、岗位生命周期越来越短的时代里，"稳定"才是最大的"不确定"。

她自己也曾是稳定工作的受益者，但30岁时，她的危机意识开始觉醒。她深刻认识到，光靠埋头苦干不会换来人生的财富与自由。于是，她决定把30～40岁作为人生的探索期，不断拓宽职业赛道，而不是被动地面对淘汰危机。

对没有家族资本积累，也没有背景加持的普通人来说，财富的路径究竟在哪里？曾在新东方任教、后转型为投资人和创业者的李笑来指出，财富的主要来源有 3 种：生产、销售和投资。生产需要掌握设备、原料、土地等资源，这些往往集中在创始人和大股东手中；投资不仅需要资金，更需要精准的判断力与长期经验积累。对大多数人来说，这两条路的门槛都很高。相比之下，销售是对普通人最友好的路径，它不需要大量资本，也不受限于学历或职位。普通人只要愿意学习与人沟通的技巧、理解客户的需求，就能突破收入与职业的天花板。更重要的是，它能带来即时的反馈与现金流。销售是连接产品与市场的桥梁，也是跟利润联系最紧密的环节。

无论你处在哪个行业、哪个年龄段，只要你愿意学习如何表达观点、解决问题、建立信任，你就拥有无价的隐形资本。**这正是销售思维的真正意义：不是卖货，而是让世界看见你、听见你，并为你的价值买单。**

人工智能时代，情感经济崛起

在物质生活极大丰富的时代，只靠商品的功能价值已不足以打动人心。哲学家韩炳哲曾说："今天，我们最终消费的并不是商品本身，而是情绪。对商品的消费不无尽头，对情绪的消费则是无边无际的。情绪的发展超然于商品本身的使用价值，它开辟了一片新的广阔无边的消费空间。"当代消费者越来越愿意为"被理解""被看见""被陪伴"买单，而非仅仅为实用性付款。随着中国人均收入不断提高，这种"情绪价值"的消费趋势愈发明显。

在经济增速放缓的时代，一边是媒体报道称老百姓消费降级，另一边则是年轻人为文化旅游、解压玩具、疗愈经济慷慨解囊。一些新的消费品牌因努力塑造有温度的形象而迅速崛起，通过社交媒体、关键意见领袖互动、社区营销，营造了一种品牌与消费者成为朋友的氛围。许多城市的高知人群敏锐察觉到了情绪市场动态，纷纷投身相关领域。

以赵丹喵为例。她是耶鲁大学法学院毕业生，曾在美国从事法律工作6年。那时，她每日埋头处理合同、修改文件、抠文本细节，像一台高速运转的机器。但这份精英阶层的工作并没有带给她成就感,她渴望追求有人际关系温度的事业。

于是,29 岁时她毅然辞职。2023 年 5 月,她创办了收费的线上心灵成长社群,吸引了很多用户,随后一个月内年费上涨至 2499 元。这个社群吸引的大多是迷茫的城市青年,通过社群,她帮助他们找到热爱的方向,解答有关原生家庭、人际关系、婚恋、事业等方面的困惑。一年之内,她的社群成员数量突破了 500 人。她的社群正是情感经济的产物——"90 后""00 后"面对人生问题时产生的焦虑使他们渴望更深层次的陪伴和心理支持。

人生教练作为情感经济的一部分,正在成为中国的新兴行业。这个概念源于 20 世纪 80 年代的美国,最初是由财务规划师托马斯·伦纳德(Thomas Leonard)提出的。托马斯发现,他的客户希望从他那里得到的不仅是投资和理财的建议,而且是更全面的帮助,包括如何更好地规划人生和实现目标。因此,伦纳德将咨询、心理学、管理学等多个领域的理念融会贯通,逐步形成了教练对话框架,并在 20 世纪 90 年代开始培训更多教练从业者。根据国际教练联合会的统计,截至 2024 年 2 月,全球 143 个国家和地区的认证教练人数已突破 5 万人,比 2021 年增加了 50%,而国内的认证教练人数不足 1500 人，但这个数字仍在持续增长。

我身边有位年轻人也加入了这个行业。我在辩论活动中结识的一位毕业于中央民族大学的朋友，工作一年后选择辞职，开始人生咨询工作。如今，她已经在欧洲旅居。她的客户给她做出了这样的评价："帮助我看清自己的人生目标""有触动，有落泪，有释放，也有收获""能够及时地帮助对话者从悲伤的故事中抽离，深入地照见自己""让我感受到很多爱"。我的一位研究生同学在一线媒体工作几年后，也加入了这个赛道，并在她的视频号签名中写道："我们一生，都在成为自己的路上。"

人生教练只是情感经济的冰山一角，消费者对情感价值的追求正在催生一系列新兴产业。宠物陪伴、疗愈旅行、手工制作、香氛冥想等行业迅速崛起，这些行业的核心逻辑都是满足消费者更深层次的情感需求。

随着人工智能的普及，我们的生活将越来越自动化、标准化、算法驱动化。但当所有的决策都变得数据化、逻辑化时，人们反而会更加渴望"非理性"的情感体验。而人类的最大优势，恰恰是情感本身。正如马里兰大学营销学教授罗兰·T. 拉斯特（Roland T. Rust）在《情感经济》（*The Feeling*

Economy）中指出的，我们正经历一场深刻的经济模式转变：从体力经济、思维经济，迈向情感经济。他预测，到 2036 年，情感任务的重要性将远超思维任务。

人工智能无法复制人类情感，也就无法像人类一样推销自己。**销售的核心竞争力不是逻辑，而是共鸣；不是价格，而是温度。人与人之间的情感连接将成为世界上最稀缺的资源，而真正懂得人性的人也将成为最不可替代的存在。**

影响力的本质是成就彼此

从个体经验回望历史，我们会发现：协作的能力并非现代社会的发明，而是早已刻进我们基因里的生存智慧。30 万年前，智人与尼安德特人共同生存在地球上。尼安德特人更强壮，能在极端环境中生存，也擅长使用工具，但最终却消失在了历史长河中。智人却延续至今，成为今天的我们。为什么？因为智人拥有更强的合作能力。我们的祖先不是靠个体的勇猛生存，而是靠群体的智慧繁衍。他们学会用语言沟通，一声召唤便能聚集同伴共同抵御猛兽；他们共享知识，分工协作，携手狩猎，筑起防御工事。相比之下，尼安德特人虽然单兵作战能力更强，却缺乏复杂的社会结构和协作体系，最终被历史淘汰。

族群的法则同样适用于社会个体，合作、借力能撬动个体到达无法企及的高度。

2023 年，查理·芒格（Charlie Munger）在 99 岁高龄走完了他传奇的一生。他的离世，为他与沃伦·巴菲特（Warren Buffett）长达几十年的合作画上了句号。巴菲特深情地公开悼念："没有查理的灵感、智慧和参与，伯克希尔·哈撒韦 [①] 不可能达到今天的地位。"这不仅是对挚友的缅怀，更是对两人合作成就的高度凝练。在商业的浩瀚星空中，巴菲特与芒格宛如一对璀璨的双子星，闪耀着合作的智慧之光。

1957 年，在奥马哈小镇上，33 岁的芒格是一位小有名气的律师，而 27 岁的巴菲特刚刚从投资导师的羽翼下独立出来，创立了自己的投资公司。命运的齿轮在他们初次见面时悄然转动，两人一见如故。巴菲特曾回忆说："我在餐厅遇到查理几分钟后就知道，这个家伙将永远在我的人生中。我们将一起享受乐趣，我们将一起赚钱，我们将从彼此那里获得

---

① 伯克希尔·哈撒韦公司是巴菲特创建的一家公司，芒格对其创建有重要意义。

想法。我们都会表现得比不认识对方时更好。"

此后，他们每天长时间打电话，分享彼此的想法与见解。当时的巴菲特在金融领域如鱼得水，却缺乏法律知识；而芒格在法律界游刃有余，却对投资一窍不通。他们决定合作，各施所长。作为商业律师的芒格认识许多有钱人，他把自己的客户都介绍给巴菲特。就这样，巴菲特的投资基金从几十万美元扩大到了几百万美元的规模。

他们的合作远不止于此。芒格在巴菲特的启发下，开启了投资生涯。在遇到巴菲特之前，芒格做律师的时薪只有 30 美元。两人各自运营公司，却在关键项目上紧密合作。经过巴菲特多年的劝说，芒格于 1978 年正式加入伯克希尔·哈撒韦公司，担任副主席。从此，他们的合作如虎添翼。巴菲特擅长价值投资，寻找被低估的 "烟蒂股"；而芒格则认为，投资伟大的公司，即使价格稍高，也远胜于投资平庸的公司。他们将各自的理念互补，彼此深度信任，这使他们在投资决策时考虑得更加全面，在几十年的合作中创造出了最优秀的投资表现——伯克希尔·哈撒韦公司的股价从每股 19 美元涨到了 54.7 万美元，年均复合收益率高达 20.3%[①]。

这个故事告诉我们，**每个人的优势都有局限性，单打独斗、同质化竞争往往难以走得远，只有通过与他人合作才能将个人优势最大化。**在商业世界中，合作不只是简单的资源共享，更是不同思维方式和视角的碰撞。只有专注自己最擅长的领域，然后找到合适的团队，通过分工、合作、交换，发挥各自的优势，提高效率，才能使双方利益最大化。对于自己不擅长的领域或精力难以顾及的事务，通过合作、借力，能够激发出远超个体的协同效应，真正实现"1+1＞2"，使价值最大化。

合作带来的双赢并非只存在于顶级投资人或科技巨头之间，它也发生在普通个体身上。从大学时代起，我就见证了合作带来的能量。

2014 年左右，我的大学所在的温州丽岙镇还处在未开发的状态，学校邀请星巴克入驻，却被拒绝了。于是，计算机专业的学长郑大为召集了四五个同学，在教学楼十几平方米的角落摆了一张长桌，合伙卖起了咖啡。合伙人来自不同

---

① 出自 2023 年 11 月 29 日《文汇报》文章《读书 | 巴菲特"黄金搭档"查理·芒格去世，投资"答案之书"已成经典》。

专业（包括会计、英语、计算机）的同学，他们有的负责磨咖啡，有的负责记录经营流水，有的负责对外沟通。他们每天课余时间轮流上班。小店不仅满足了几十名外教对咖啡的需求，还吸引了数百名在校师生前来。大家在这里聊学习、谈人生。

开张仅一两个月，小店便实现了盈利，合伙人第一次分红时，每人能拿到几千元。2016 年，小店招聘了 40 多名学生兼职员工，月营业额达 8 万元，成为温州肯恩大学历史上元老级的创业项目。如今，这家小店经过多代校园人的传承，依然在营业。

这段创业佳话得益于学生之间的合作精神，他们也凭借这种精神走向了更大的舞台。2015 年，郑大为与同学们携手创办了温州创新网络平台，一个类似于一席演讲、TED 演讲的知识分享平台。他们在微博上主动联系知名人士，沟通主题，邀请其成为演讲嘉宾，安排行程，并精心设计现场灯光与音响效果，使这个平台逐渐成为温州高校与社会精英思想碰撞的桥梁。

这种合作精神不仅点亮了他们的大学时光，也影响了他们后来的职业生涯。毕业后，郑大为先后就职于甲骨文、领英等跨国企业，如今专注于助力中国品牌出海。他的合伙人也在不同领域崭露头角，有人进入宁波银行，有人加入普华永道，甚至成功转战美国大湾区。

可见，**如果你想走得更远，不能只专注于个人技能，也要培养合作精神。这是一种长期关系的种子，一旦播下，就会在未来结出超出预期的果实。**在组织行为研究中，有大量实证证明：那些乐于合作的人，往往拥有更广泛的人际网络与更长线的成功路径。

沃顿商学院组织心理学家亚当·格兰特（Adam Grant）专门对此进行了研究，他将人际关系中的人分为 3 种类型：索取者、匹配者和给予者。索取者为达目的不择手段，靠媚上欺下维系关系。权力增大后，他们会暴露索取本性，并且不再掩饰自私。这种行为虽然短期内可能奏效，但长期来看，会破坏声誉与信任。与之不同，匹配者坚信等价互惠，即"你帮我，我也帮你"，付出与收获需平衡。给予者则关注他人需求，主动提供帮助，相信每个人都有潜力，乐于分享经验与资源，不计短期回报。格兰特对 35 000 名来自不同行业和文化背景的人进行了调查，结果显示：索取者占比 19%，给予者占比 25%，而大多数人属于匹配者，占比 56%[①]。

哪种人更容易获得最高且持久的成就呢？格兰特发现，在大多数职业领域，占据成功阶梯顶端的人往往是给予者。例如，在比利时医学院的学生中，愿意花时间辅导同学的给予者，他们的分数比其他学生的分数要高出 11%。在销售领域，销售业绩最好的人也是给予者，他们的年度销售额比索取者和匹配者要高出 50%。当给予者获得成功时，大家会全心全意地支持。相反，虽然索取者可能会快速获得地位提升，但跌落得也很迅速，因为身边的人会对他们唯利是图的行为感到反感。**慷慨也具有马太效应，越是乐于付出的人，往往收获越多。**

格兰特认为，给予更有利于取得长期成就，因为在这个变幻莫测的世界里，你很难确定谁会是你的"贵人"、哪一条信息会给你带来意想不到的机遇，你也很难想象你对他人的举手之劳可能会在很多年之后开出意想不到的花来。**人际关系作为人生重要的一部分，具有明显的复利效应。**我曾在一位朋友身上深刻体会到这种复利效应。他在地方从事文旅宣

---

① Adam Grant, *Give and Take: A Revolutionary Approach to Success*（London: Penguin Books, 2013）.

传工作，对当地文化创意人士的情况如数家珍，这源于他对传统文化从业者的兴趣。他的同事夸赞他交际广泛。有时组织活动，他只需发一条微信，原本很难请得动的重要文化人物就会同意到场支持。我问他："你是怎么说服他们参加的呢？"他说："根本不需要劝说。多年交往下来，他们知道我是什么样的人。"人与人之间的信任就像一笔隐形投资，每次投入的量或许不多，但积沙成塔，在人生关键时刻，你会获得意想不到的财富。

这些年，我始终坚持在力所能及的范围内给予他人帮助：一个电话牵线，一句建议或鼓励，或一次引荐。不论是否有所回报，我都相信——每一次与他人的连接都会让彼此走得更远。

星星之火应当被传递下去，形成燎原之势。我坚持将那些对年轻人有帮助的英语学习技巧和成长经验制作成视频上传到网络，免费传递给更多人。至今我仍清晰地记得，一个来自贫困地区的孩子曾发来私信："你让我们这些教育资源匮乏的孩子学到了有用的知识！"还有一些来自偏远地区的中学老师会在课堂上播放我的视频，帮助学生改善英语口语的语调与节奏感，并录下教学片段发给我看。我也经常收到网友发来的求助信息，只要能帮上忙，我一定会尽力提供对他们有益的信息。每一次真诚地回应与分享，都是在为彼此拓展更广阔的可能性。

社会的进步不仅靠个人奋斗，更依赖人与人之间的互助与赋能。当我们愿意扶持彼此时，我们就能共同成长；当整个社会的认知水平、资源流动性和信任度提升时，我们每个人都会因此而受益，我们的后人也将生活在一个更具温度、更有希望的世界。

我非常喜欢社会学家上野千鹤子在东京大学演讲中的一句话："请不要把你们的努力只用于一己输赢，不要把你们获得的得天独厚的环境和能力用来贬低那些没有你们那么幸运的人，而是要用来帮助他们。"人际网络的价值不在于你能从中获取多少，而在于你如何用它成就他人，最终创造一个更具互惠精神、让更多人走得更远的世界。

学会讲故事，成为具有长期影响力的人

提升影响力最有效的途径就是讲故事。没有人喜欢被说

教，真正有效的影响力通常是润物细无声的，能够做到"动之以情，晓之以理"。一个好故事，比一千句说教更有力量。

贾伟，洛可可设计工作室的创始人，曾经历了一场刻骨铭心的意外。那是一个普通的周末，贾伟陪着 2 岁的女儿在家看动画片。小朋友口渴了，贾伟的父亲便去厨房倒了一杯热水放在桌上。然而，就在大人稍不留神的瞬间，小朋友跳起来拽倒了杯子，滚烫的开水泼在她稚嫩的脸庞和胸口上，一下子皮开肉绽。那一刻，贾伟和他父亲都吓坏了。贾伟抱着孩子冲向医院，孩子的哭声刺痛了他的心。医生诊断烫伤严重，要求孩子住院隔离 15 天。为了阻止孩子抓挠，防止感染，她的小手被绑了起来，家人每天探视的时间只有 1 小时。

回到家，看到摔在地上的水杯，贾伟满心羞愧。作为一个父亲，他竟然无法保护好自己的孩子。随后，他开始反思，为什么市面上到处都有保温杯，却没有一款降温杯？这个世上有多少小朋友被烫伤了呢？于是，一个想法冒了出来：让天下的孩子在喝水时再也不被热水烫伤。

3 个月后，他设计出了 55 度杯，能让热水快速降温。产品一经问世就成了爆款，销售额累计近50亿元[①]。这已经不是一个普通的杯子了，其背后的故事赋予了它跨越时空的情感价值，承载着全天下父母对孩子的爱，也收获了来自用户深度的信任。

这只是商业故事中的冰山一角，人类一切有影响力的活动都离不开打动人心的故事。

人类的大脑天生对故事有渴求。人类的祖先打猎回来就坐在热腾腾的火堆旁，与他人分享食物与故事。这种快速交换信息、鼓动他人的行为，让彼此的大脑产生大量的催产素，让人感到安全、信任、愉悦。这也让智人这种体型弱小的物种获得了合作生存的优势，散发了强大的生命力。德国生物学家维尔纳·西费尔（Werner Siefer）曾写道："谁的故事更有意思，谁能把故事讲得更引人入胜，谁就能聚集更大的群体，建立社会，创造使用工具的传统，甚至创造出可以延续千年的文明[②]。"

一个动人的故事，其力量不可小觑。从个人层面来看，

---

① 出自《我有嘉宾》节目组中吴婷与贾伟的对话。
② 西费尔·维尔纳.叙事本能：大脑为什么爱编故事［M］.李寒笑，译.北京：北京联合出版公司，2024.

它能够改变一个人的行为、决策和价值观，进而塑造其人生轨迹。而从更宏观的群体乃至社会层面来看，一个好故事可以产生巨大的影响力，掀起社会思潮，推动历史变革。

因此，讲故事的能力成为领导力培训课程的核心内容。故事不仅能帮助企业家赢得客户、合作伙伴、团队和投资者的信任，更能成为企业最有力的价值杠杆。无论在哪个行业，只要涉及人与人的互动，就离不开讲故事。

在做自媒体的过程中，我逐渐意识到，人生没有白走的路。那些我从小耳熟能详的故事，或许对我来说再普通不过，但对很多人而言，却是他们闻所未闻却能找到共鸣的新篇章。动人的故事并不一定是惊天动地的传奇，那些能让人从中获得启发的经历也是打开人生新天地的钥匙。

2022 年，我在温州老家的书房里采访了我的父亲，为他拍摄了一段自述纪录片——《我的孤儿老爸：从贫困潦倒、受尽凌辱到藏书万册，他教会我什么》。这是一个关于奋斗、求知和抗争的故事，而这个故事的起点是一片贫瘠的山区。

我的父亲夏诗荷成长在浙江台州的偏远山区，在他 6 岁那年，我爷爷因肠癌去世。更残酷的是，当时家里还欠着 400

多元的债。失去经济支柱的奶奶因生活所迫只好改嫁。从此，这个家只剩下一间破旧的木屋和一个没有依靠的孩子。

他的童年是在饥饿与冷漠中度过的。没有父母，他只能靠村里人施舍的番薯干和咸菜勉强填饱肚子。一些村里人还对这个无依无靠的孩子充满偏见。他说："有时候一不小心说错话，就会被邻居大爷大妈扇巴掌。我没有母亲，没有父亲，也没有地方诉苦，只能晚上睡觉时在被子里默默地哭。"

在贫穷和嘲笑声中，夏诗荷只能抱着破釜沉舟的信念好好读书，渴望通过知识改写命运。在昏暗的灯光下，他常常学习到深夜。一次，他的同桌托人从上海买来了复习资料，是他从来没见过的。他借来后，用一晚上的时间把那本书全部抄写下来。高考，是他的唯一出路。

然而，1981 年，他第一次参加高考，落榜了，差了 20 分。这意味着，他必须回到村子，面对冷嘲热讽，接受"读书无用"的论调。可他不信命，选择复读。一年后，第二次参加高考，他成为村里的第一个大学生，走出了那个贫瘠的小山村。

1985 年，他成为乡镇中学的老师，但他心里始终不满足。

他想考研究生。当时的规定是只能考一次，这意味着，如果失败就再无机会。于是，他决定拼一次，白天教书，晚上在职工宿舍复习。室友在宿舍里打麻将到深夜，他就在旁边的角落里一遍一遍翻看复习资料，做笔记，背书，把 12 本研究生教材背得滚瓜烂熟，甚至能准确说出某一章节在哪一页、第几行。就这样，他考上了东北师范大学。1992 年，他拿到了中国古代史专业硕士学位，最终成为温州大学的历史老师。他的世界终于从一间木屋延伸到了更广阔的知识海洋。

如果说童年的贫瘠让他恐惧饥饿，那么求学路上的孤独则让他对书籍产生了深深的依赖。他最大的爱好就是泡在书房里研究古文。家里除了床、衣柜、桌子、几把用了 30 年的木头椅子，还有一台从二手市场淘来的电视机，剩余的空间几乎被书籍填满。在我小学时期，他的藏书就已经超过了 1 万册。

这个故事不只是我父亲的故事，更是中国无数奋斗者的缩影。它是改革开放后寒门子弟通过读书改变命运的真实写照。视频发布后，短短两周，在哔哩哔哩网站的播放量突破 70 万次，并登上热榜。

这个视频大受欢迎，让我更加坚定地相信每个人的经历都值得被讲述。而最打动人心、最有说服力的素材，往往就是我们最熟悉的身边的故事。

所以，如果你想提升自己的影响力，就要有意识地培养讲故事的能力，因为影响他人与充分了解自己是相辅相成的。当你能够讲好自己的故事时，你也会更加清晰地认识自己的道路。

我们可以从 3 个层面梳理讲故事的思路：为什么、是什么、怎么办。首先，"为什么"是最重要的部分。每个动人故事的背后都有一个清晰的"为什么"，它决定了你的信念、愿景和意义。只有找到自己的"为什么"，才能让故事具有深度并产生共鸣。

其次，你要讲清楚"是什么"。你经历了什么？哪些事件对你的人生产生了重大影响？你当下面临的最大困境是什么？哪些故事是你特别想分享给身边人的？"是什么"关乎你的现实情况、你走过的路。

最后是"怎么办"。你如何克服困难？你采取了哪些行动？你是否找到了解决方案？一个真正有力量的故事不会停留在思考层面，还要有实际的行动和转变，你需要讲清楚如何面对问题和解决问题。

故事就像一棵树，"为什么"是最底下的树根，"是什么""怎么办"是枝干和叶子。如果我们不清楚根是什么，我们的语言表达可能就会含糊不清，选择和行动也不够果敢。如果树的根系发达、坚固，这棵树的枝干和叶子就会获得足够的营养，也就清楚地知道该往哪个方向生长、长成什么形状。

不管你是内向之人，还是外向之人，讲故事都不只是为了自己单方面的抒情，你也是在帮助他人，为他人提供新的视角、思想和人生的其他可能性。好不容易来这个世界走一遭，世上没有人和你走过一模一样的路、持有相同的想法，你就是独一无二的存在。如果你不把你的理念分享给他人，造福你所在的社区，那岂不是这个世界的巨大损失？

如何提升自己讲故事的能力呢？你可以从对着镜子讲故事开始，观察自己的表情和肢体动作是否自然，纠正诸如皱眉、抖腿等小动作。你还可以录下自己的讲述，听一听语言表达是否流畅，找出卡顿和模糊的地方，并加以改进。

只有当思考足够清晰时，表达才能足够清晰。讲故事是对自己的人生进行梳理和思考的过程。有了清晰的思路之后，找你的朋友、家人当听众，收集他们的反馈：故事是否吸引人？哪里没听懂？情感是否到位？哪些点子给他们带来了收获？他们最在意你做过什么事？这些反馈可能会成为你个人的价值锚点，值得被记录下来。你还可以参加小型演讲俱乐部或故事分享会，在实战氛围中练习面对公开场合演讲的压力，逐步提升临场应变能力。每次讲完后总结经验，螺旋式提升讲故事的水平。

最终要记住，讲故事是为了销售，销售不仅是推销产品、推销理念，更是推销你自己。决定你能走多远的不一定是你的出身、学历，而是你能否被世界看见、被世界需要。你的故事就是你独特的品牌，而讲述它的能力就是你建立影响力的关键。

真正有影响力的人从来不是那个最能炫耀自己成就的人，而是那个最懂得用自己的故事照亮他人道路的人。你经历过的困境、坚持过的选择、分享过的知识、播下过的善意，都会在未来的某一刻以你意想不到的方式回馈到你身上。

在人工智能可以生成无数内容、模拟千百种表达的时代，唯有人类独有的情感、信念与真实的经历，才能穿透噪声、击中人心。你讲述的每一个故事都是一束光，影响着这个世界。

所以，请不要低估自己与世界产生连接的能力。也许你的一次无偿的帮助、一段真实的讲述、一次勇敢的表达就让别人看到了希望，也让自己在这混沌的世界中获得了方向感。

这个时代并不缺信息，而是缺愿意带着温度说话的人。未来最有影响力的人不是发号施令的人，而是能让人愿意跟随的人。你，愿意成为那样的人吗？

第 5 章

打造抗风险职业体系

许多人的理想是"端上铁饭碗"，按部就班地工作几十年，最终迎来体面的退休生活。然而，如今的职场已发生了翻天覆地的变化，单一职业所带来的安全感正在逐渐减少。年轻人所面临的现实是过去的长期雇用制度已难以为继，35岁就业危机频繁被提及，上班族不再是只要努力干一辈子就能安稳退休。

依赖某一家企业、某一个岗位，等同于把所有的筹码压在一张牌上，一旦行业衰退或公司裁员，你就会陷入被动的局面。因此，越来越多的人开始探索多元发展的路径——有人兼职副业，拓宽收入来源；有人尝试迷你创业，以更低的风险建立自己的事业版图；还有人主动学习跨领域技能，为未来的职业切换做准备。

如今，没有什么工作是能够一劳永逸，让人绝对有安全感的。唯一能保障长期安全感的是个人能力的复利增长，以及灵活应对未来的适应力。所以，本章我们来谈个人的多元发展。

"铁饭碗"正在消失，稳定工作成奢望

许多年轻人期望考上"好大学"，找个"好单位"，然后按照单位的要求完成分内的任务，安稳度过 30 多年，迎接退休。然而，了解经济发展规律之后，你就会明白这样的想法过于天真了。

经济和四季一样，有春夏，有秋冬。经济周期通常分为 4 个阶段：繁荣、衰退、萧条和复苏。每个经济周期的长度不同，目前公认的有以下几种：短周期通常为 3 ~ 5 年；中周期通常为 8 ~ 10 年；长周期通常为 40 ~ 60 年；最长的周期是"康波周期"，一轮长达 50 ~ 60 年，扩张期都伴随着革命性技术的出现，而衰退期则表现为市场饱和、增速放缓。在长达三四十年的职业生涯中，我们会经历多个经济周期。如果顺利度过经济周期，可增加财富。但如果无法扛住经济寒冬，可能一切将从头再来。

不仅经济周期存在变化，行业与企业的生命周期也会发生变化。例如，曾经稳定的煤炭、钢铁等行业已面临转型，曾经如火如荼的互联网行业如今也频现裁员潮。一些企业的寿命在急剧缩短，特别是中小企业。

这个趋势不仅发生在普通的中小企业，知名企业也未能幸免。2020 年年初，我在阿里巴巴旗下的英文媒体香港《南华早报》工作。当时，公司管理层发出通知，由于广告营收大幅下滑，所有员工将实行"冻薪"。也就是说，薪资将不会像往年一样增长。这是过去十多年来最严峻的财务状况。一开始，大家的态度是能忍则忍。毕竟在经济不景气的情况下，"至少没有裁员"已经是个好消息。但很快，公司管理层开始释放更严峻的信号：如果半年后财务状况没有改善，就会考虑裁员。

这条消息在公司内部引发了集体焦虑。记者们联名上书管理层，要求管理层公开是否也主动降薪，以及降薪的具体比例。然而，这个要求被无情驳回。管理层甚至表示："我们已经很仁慈了，没有裁员。"

面对未知的职业前景，不同的同事选择了不同的道路。在公共空间的午餐时段，一位和我工作年限相同的美籍同事和大家告别。他的一年期合同即将到期，他已经主动和主编沟通过，准备辞职回国。一位来自英国的同事和他道别，并且劝说我和其他新人道："看看全球的经济状况，我们还能有一份这样体面的工作，真的很幸运了。如果我回英国，情况将会更加糟糕。年轻人，要懂得感恩啊。"其他同事纷纷点头，选择默默接受"冻薪"。这家报社已经是亚太地区新闻行业的头部了，如果离职，员工很难另寻他路。一位在公司工作了近 10 年的同事私下问我的打算，我坦诚地说："我正在寻找新的机会。"她叹了口气，羡慕我的自由。她和丈夫已经背负了沉重的房贷，不敢轻易离开，尽管她很想离开。

那一刻，初入职场的我意识到，年轻人不能将自己的未来寄托在一家企业的"慈悲"之上，那样风险太高了。我开始问自己：如果不依赖任何单位，我如何在市场上保持竞争力？什么样的技能可以让我独立生存？这场冲击让我更加坚定走多元发展之路。在正式离开公司前的一个月，我调研了多个行业，参加了北京、上海、香港等地多家媒体公司的面试。同时，我也开始运营自己的自媒体账号，探索更多的可能性。

个体职位的不稳定并非只是某家公司或某个行业的问题，而是整个职场的大趋势。过去，人们习惯性认为职业生涯是一条"稳步上升的线性路径"，但现在，它更像一条不断被调整的曲线。职业寿命的缩短，从企业高层到基层员工都无一例外。普华永道对全球 2500 家大型企业的调查研究显示，首席执行官（CEO）的平均任期从 2000 年的 8 年以上缩短至了5 年。

与此同时，零工经济正在崛起。为了降低成本，企业更倾向于雇用短期合同工，他们通常被称为"自由职业者""独立承包商"或"平台工作者"。他们通过在线平台或社交网络寻找工作，以项目或任务为单位提供服务，涉及的行业范围广泛，从外卖员、网约车司机到图形设计、软件开发、数字营销等。即使在重视稳定性的亚洲发达经济体中，有编制的稳定岗位也越来越少。20 世纪 70 年代，日本在泡沫经济破灭后进入了漫长的经济衰退期。尽管日本的企业文化崇尚终身雇用制，但在经济压力下，企业调整了策略，大幅缩小招聘规模。许多人无法成为正式员工，只能以合同工或派遣员工的身份从事非正式编制的工作，勉强维持生计。

如今，这种"去铁饭碗化"的趋势正在全球蔓延，经济体仍有经济发展时差，但"铁饭碗"不再稳固已成为不可逆转的趋势。

因此，如果仅依赖单一岗位维持生计，就可能面临用后即弃、现金流断裂的局面。或许未来几十年，人工智能能承担所有物质生产，人类只需领取基本工资就能过上无忧无虑的生活。但这仅仅是某些科学家和科技创业者的美好愿景，没有人能确定这一天是否真的会到来。**回归现实，任何一份**

工作都未必能保持长期的稳定。真正的安全感不是来自一份"铁饭碗"工作，而是来自多元发展的能力。在打磨专业技能的同时，适当为自己留几条后路，尽早规划多种收入来源，才是降低风险、避免被市场淘汰的最佳方式。

多赛道发展

在投资理财领域，分散风险是常识。投资者不会把所有资金孤注一掷，而是会将其分散到股票、债券、房地产等不同资产类别中，以降低市场波动带来的风险。用通俗语言解释，就是不能把所有鸡蛋放在同一个篮子里。然而，在职业发展上，许多人仍然停留在把所有鸡蛋放在同一个篮子里的传统思维，仿佛单一职业能带来终身安全感。但现实是，选择单一职业就像把全部资产押在一个项目上。面对行业动荡和经济不稳定，你能确保稳赢吗？

如今的职业稳定性远不如从前。无论是在财务层面还是心理层面，单一的职业道路变得越来越脆弱。此时，掌握多种技能、拓展多元价值，才是应对不确定性、创造职业韧性的最佳策略。

我的大学同学严江越选择了一条多元职业发展路径。他本科毕业后赴澳大利亚读研究生，2023 年起攻读博士学位。他不仅在大学讲课、做研究，还兼职开优步（Uber）网约车，既接送乘客，又送外卖。此外，他还打算攻读检验医学或药剂学非全日制学位，计划 6 年后能够在医药领域开辟出一条道路。同时，他还在考虑参加电信维修培训，不断拓宽职业选择。

他这样的高学历人才为什么要选择这种多重职业模式？新冠肺炎疫情防控期间，严江越目睹了一批中国留学生秉持"好学生思维"，全身心投入互联网公司的工作，却被无情地裁员。他说："事实证明，这个世界没有什么东西是稳定的，可能今天发生疫情，明天发生经济危机，后天出现罢工，你的工作就没了。"于是，他开始用投资组合思维规划职业发展路径，不仅是为了增加收入，更是为了提升自己的多元价值。他说："你如果跟我谈稳定性的话，我肯定认为有多份兼职工作比仅有一份工作稳定得多。道理很简单，如果你只有一份工作，那么被裁后，你可以再找一份工作，但是中间这段时间你的工作经历就断档了。而如果你有三份兼职工作，失去了一份，你还有两份。同时，你还可以找另一份兼职工作，或者学另一项技能。你觉得这两种做法，哪个稳定性更强？"

与严江越相似，重庆的廖维思也选择了主业和副业同时进行的方式，拓展自己的职业安全网。廖维思做着三份副业：水果团购、海外代购、PPT文稿制作，副业收入大约为主业收入的五分之一。她并不是一开始就知道如何做副业，而是一步步挖掘自己的技能价值。

在大学里，廖维思偶然发现自己在PPT文稿设计上的独特优势。在一次假期汇报活动中，她用一份精美的PPT文稿展示尼泊尔旅行的见闻，得到了院长、老师和同学们的一致夸奖。她本以为制作PPT文稿是一项无门槛、人人都会的技能，但同学们纷纷请她手把手教。原来学校里有许多来自重庆偏远区县的同学从未接触过PPT文稿制作，对他们来说，这是一项完全陌生的技能。这时，廖维思意识到，原来自己的一项普通技能可能在特定环境中成为稀缺资源。于是，她成了各类比赛和活动的PPT文稿制作负责人，在反复实践中不断提高自己的设计能力。

2018年大学毕业后，廖维思进入洲际旗下的一家酒店做财务，月薪3000元。廖维思说："那个时候拿死工资，每个月到手只有那么一点，很快就会花完，然后开始想下个月什么时候发工资，人就会很焦灼。"所以，她决定尝试副业，拓宽收入来源。那年，她开始在微信社群里做水果团购代理，每单可以挣 2 元以上的差价，群里积累了 100 位长期客户。虽然单笔利润不高，但带来的额外收入让她感受到副业的可行性。2021 年，她开始帮朋友转发日本、韩国等地的代购商品信息，成为朋友圈的代购中间商。相比水果团购，代购的单笔利润更高，每件护肤品可以挣 30 ～ 80 元的差价。她并没有投入大量时间拓展客户，而是凭借稳定的复购客户群逐步积累了 50 多位长期客户。

2022 年，她所在的公司被解散，她不得不重新寻找全职工作。在求职期间，为了维持生计，她寻找了两份兼职工作。她首先在一家连锁瑜伽馆找到了一份线上社交媒体运营的工作，负责维护美团、大众点评和抖音上的数据，并协助剪辑视频，每个月收入 3000 元。与此同时，她还在一家公众号运营公司承担 PPT 文稿外包业务的工作。由于这家公司的客户大多来自酒店行业，而她正好熟悉酒店的业务和用语，因此合作变得顺理成章。一次任务一般需要制作 10 ～ 30 页 PPT 文稿，每页的价格在 40 元左右，而她接到的最高客单价达到每份 3000 元。她发现，这两份兼职工作的收入加起来，甚至超过了自己之前全职工作的薪资，而且还能在线灵活办公。这个经历让她更加坚定了"技多不压身"的信念。

于是，即便在 2024 年年底找到了新的主业，她依然决定保留自己的 PPT 文稿代作业务，毕竟她也不能保证主业百分之百稳定。她计划等到完全熟悉了这份新工作后，利用下班时间学习一些新的 PPT 文稿制作技能，或许能产生一些"班后收入"。这些副业尝试让她更有底气面对未来的中年职业危机。

然而，并不是所有人都能像廖维思一样，有意识地通过在主业之外发展副业来拓展安全网。现实中，许多职场人深耕单一赛道多年，却发现投入的时间和精力未必带来相应的回报。这是由企业运作逻辑决定的，一些企业管理者认为，员工必须创造远超成本的价值，才算划算的投资，希望以低于市场溢价的价格留住人才。我曾在一家世界 500 强企业做过招聘和运营方面的工作，亲眼见证了这种故意压低薪资成本的现象。我招聘的两位海归硕士销售人员，月薪仅 6000 元，略高于本科生的工资。他们入职 2 个月就创造了百万元级销售额。虽然部分业绩得益于公司的资源，但他们还身兼行政秘书、教培辅导等多重角色，贡献远远超出薪资水平。然而，公司规定在入职 6 个月内他们不能获得提成，这等于把他们的高价值打折使用。我的上司和人力资源主管一边点头，一边感慨"性价比真高"。

当时的我也是他们眼中"性价比真高"的人。上司对我极为器重，秉持"能者多劳"的理念，总夸我效率高。不知不觉间，我一个人扛起了多个岗位的职责：小到协助教授全英文授课、部门对外宣传、营销网络搭建、部门财务预算、行政文秘服务，大到并购尽职调查、海外业务计划和谈判。甚至这家拥有 1.9 万余名员工、总资产 700 亿元的企业，每个月在美国纳斯达克对股东公布的英文月报，都要我来修改、审核。高管们撰写的海外收购意向书，在发给对方公司之前也要我把关修改。

高强度的工作让我的免疫力急剧下滑。有一天，我因扁桃体发炎高烧不退，无法参加上午的团队会议。下午回到公司，同事们急切地告诉我，上午的激烈讨论最终毫无结果，因为我不在场，没人能精准地理解海外合作方的意图。团队错误地将对方"愿意配合"的意愿，解读为"不愿意配合"，整场会议基于错误的假设而白白浪费了时间。

生病之后的几天里，我盯着那走不完的流程、开不完的会，以及越来越多的待办事项，不禁自问："我何苦呢？"上司察觉到了我的变化，找我谈话："我非常欣赏你的能力，无论是语言能力、业务能力、执行效率，都是非常稀缺的。但是，我看你最近是因为身体不太舒服，还是有什么情绪，怎么没有之前的干劲了？"我反问她："我是不是一个人干了 5 个人的活儿？"她点了点头。我继续说："我的年薪是固定的。如果按员工最低年薪 10 万元来算，我做的事情早已达到 50 万元的价值。"她严肃地说道："能者多劳，越有能力的人就越要多承担责任。人要有奉献精神。"我说："我也希望承担更多，但是人的时间和精力真的有限，为此我都大病了一场，为什么不再招几个人来分担一下呢？"她表示无奈，因为人力资源部缩紧了招聘配额，短期内不允许再招新员工了。

谈话后的第二天，我吞下医生开的消炎药，脑海里一直回响着"人要有奉献精神"这句话。两周后，我请了 5 天年假，在桂林山水间放飞自我，路上提交了辞职申请。既然我一个人能干 5 个人的活，那我为什么不自己创业呢？于是，我带着一台笔记本电脑、一台相机，踏上了自媒体迷你创业之旅。

你可能会问，企业难道不能衡量人才的贡献并给予相应的奖励吗？答案是，很难。一方面，企业业务复杂，很难精准量化每个员工的真实贡献。另一方面，企业并不愿意投入时间和成本去精确衡量，与其评估职业价值，不如直接扩大业务。硅谷"创业之父"保罗·格雷厄姆（Paul Graham）在《黑客与画家》（*Hackers and Painters*）一书中直言："困扰大公司的最大问题是很难给每个人的工作分配价值。在大多数情况下，他们都是打赌。在大公司里，如果你工作努力，你就会得到一份相当稳定的薪水。他们不期望你表现得无能或懒惰，但也不期望你把一生都奉献给工作。然而，事实证明，你在工作中投入多少时间是有规模经济效应的。"换句话说，单一赛道的成长空间非常有限。

收入和成就只是衡量职业价值的一个方面。许多人对多个领域充满兴趣，但单一职业往往无法满足。他们困在不喜欢的行业里，错失探索世界和寻找热爱的事业的机会。这样的生活，一眼望到头，何尝不是一种浪费？找到真正热爱的事业，从来不是一蹴而就的。我们 18 岁时选择的职业，不一定会相伴我们一生，这就好比很少有人只谈一次恋爱就能确定要与之过一辈子。人生的最佳赛道，往往是在不断尝试和调整中找到的。多种职业不仅可以提供更多探索机会，还能拓展跨领域经验，带来丰盈的人生体验。

在杭州市富阳区一家银行上班的"90 后"青年吴复元就

是多元探索的践行者。每到周末，他都会驱车 30 公里回到胥口镇的农村老家，经营自己的民宿——"迦密山宿"，接待远道而来的游客。这家民宿坐落在国家 4A 级景区富春桃源附近，前有农田，后倚青山，环境宁静而幽远。2014 年，吴复元决定创业，但考虑到资金和风险性，他选择用银行的稳定收入支撑副业。在接下来的 5 年里，他几乎把所有工资都投在民宿改造上，从设计规划到施工建设，全程亲力亲为。2019 年，"迦密山宿"终于正式营业。如今，这家民宿已经发展成拥有十余个房间，庭院铺满青石，设有聚会厅、烧烤露台、音乐角的乡村休闲地。他不仅为住客提供舒适的住宿环境，还打造了一系列独特的乡村体验：深入竹林捡土鸡蛋、观看养殖的梅花鹿、乘坐滑翔伞俯瞰山野、收割水稻、制作竹筒饭、游览新登古城。他的民宿每年吸引超过 3000 名游客，还带动了周边村民的手工艺品和农产品销售。2021 年，"迦密山宿"被评为浙江省银级民宿。

为何他执意将希望寄托在副业上，而不是专注本职工作？面对这个问题，吴复元坦言，他从事的是风险控制相关的工作，已经是这个部门的领导了，很难再有上升空间。相比之下，尽管民宿尚未达到理想的盈利水平，仍需持续投入资金更新设施，并且面临激烈的竞争，但他依然选择坚持，因为民宿是他心目中非常有意义的事业。

他的选择说明，即使拥有一份稳定的工作，人们仍然需要一个能够带来自主感和成就感的副业。对许多人来说，副业不仅是收入的补充，更是探索自我价值的重要途径，可以为职业生涯注入第二次生命。

事实上，我的朋友们并不是个例。近年来，越来越多的人选择"主业＋副业"的模式，甚至有人干脆跳出传统职场框架，尝试多重职业身份。这种兴趣与职业交融的现象，早已被提出并系统化研究。早在 20 年前，美国作家和职业顾问玛希·埃尔博尔（Marci Alboher）就提出了"斜杠职业"（Slash Career）的概念。她鼓励人们拥抱横跨多个领域的工作和生活方式。"斜杠职业"就好比你播下的多颗种子，有些不会生根发芽，而有些会开花结果。它既能满足经济需求，又能激发出人们的热情，让他们找到更有意义的事业方向。对于毫无头绪的年轻人，她建议将自己的专业与写作、教学、演讲或咨询结合，这四项技能是"斜杠人生"的万金油。

如今，技术的发展正让这个理念变得更加可行。过去，人们被困在固定的工位上，职业身份相对单一。但在远程工作和人工智能工具辅助的时代，个人的生产力大幅提高，雇用关系也变得更加灵活。人们可以通过线上工作拓展多重职业身份，真正实现跨行业发展。正因为如此，越来越多的自由职业者开始在全球范围内寻找适合自己的工作方式，巴厘岛便是其中的典型代表。这座东南亚小岛如今吸引了很多来自世界各地的远程工作者，他们为多个合作方提供线上服务，收入很高，却享受着低廉的生活成本。这便是"斜杠职业"的典型。

远程工作和多重职业的灵活性让许多人有了更多选择，但也让许多人陷入新的困惑——我该如何找到一份既能维持生计，又能让我持续投入热情的职业？这涉及更深层次的个人认同与意义感。在日本，有一个被广泛认可的人生幸福理念，叫作"Ikigai"，也就是每天早晨让你起床的动力，驱动着你的生活的价值和意义。它涵盖了 4 个核心要素：你热爱的事、你擅长的事、世界需要的事、你可以获得报酬的事。

许多人之所以对工作感到困顿，是因为这 4 个要素缺乏交集。有的人感觉怀才不遇，是因为有热爱与能力，但没有人需要。有的人倦怠懒散，可能是因为这份工作只提供报酬，但唤不醒他的热情。真正的职业理想是在这 4 个维度的交汇处找到自己的位置，既能创造价值，又能获得满足感，我们也可以称之为人生使命。试想，一个人从 20 岁踏入职场，直至 65 岁退休，在漫长的 45 年的职业生涯里，大部分时光都在工作。倘若这份工作缺乏意义，那么几十年的职场生涯何尝不是一种变相消耗？

所以，**趁着青春正当时，我们应该主动探索不同领域，而不是把自己困在一条既定的赛道上。**毕竟，很少有人能一次就精准地找到人生使命，你尝试得越多，就越有可能邂逅那份真正属于你的生命意义。**多元发展不仅是经济上的安全网，而且是让人生更具韧性和自由度的策略。**今天，你可能只是利用空闲时间学习一项新技能，或在业余时间开创一个副业；但在不久的将来，它或许就能成为你职业生涯的另一条跑道，甚至带来意想不到的突破。与其等到被环境逼迫着改变，不如主动出击，构建属于自己的"职业投资组合"。这样，即便某个领域遭遇变革，我们仍有其他路径可选，不至于被动应对人生风暴。

你的时间和知识就是最好的创业资本

许多人一提创业，脑海中浮现的不是机会，而是高昂的启动资金和九死一生的风险，本能地觉得家里没矿、没高端技术，普通人根本不可能创业。在他们眼里，创业似乎是少数人的游戏——要么是科技精英，掌握颠覆式创新技术；要么是资本玩家，拿着几轮融资，一路冲向上市。然而，这是对创业的认知偏差。新闻媒体的聚光灯总是投向那些融资数亿元、跻身独角兽行列的创业神话，让人误以为创业是一个遥不可及的商业金字塔顶端游戏。

但实际上，能让人获得体面收入、提升生活质量的，并不一定是风口上的大生意，很可能是那些看似不起眼的小机会。许多普通人早已用最简单的方式验证了迷你创业的可行性。

以我家附近的流动烧饼摊为例。老板每天推着电动三轮车，带着煤气罐和一个筒状烤炉，卖霉干菜肉烧饼，6 元一个。无论是公务员、工地工人，还是农民、学生，男女老少都会买。

他告诉我，他平均每天能卖 300 ~ 500 个烧饼，但新冠肺炎疫情防控期间生意非常不好，一天只能卖 150 ~ 300 个烧饼，2023 年又恢复到正常的销量了。他的老婆凌晨五六点钟起床和面，他八九点钟出摊，有时只卖半天，有时一直卖到下午。摊位免费，夫妻档经营也无须支付额外的人工成本。一个烧饼的原材料成本大约是 1 元，单个烧饼的利润是 5 元，收入都是他们夫妻俩的。

有一天，他好奇地问我："城里上班能挣多少钱？"我随口回答："我有个同学在阿里巴巴网站上班，年薪 30 多万元，在城市里算是不错的收入了。"他惊讶地瞪大眼睛说道："啊，这么点？"我反问："那你一年挣多少？"他毫不在意地摆摆手说道："随便挣，也有 30 多万元吧。"我们按照他每天卖 300 个烧饼来计算，每个烧饼的利润是 5 元，一个月工作 20 天，一年 12 个月，这样就有 36 万元收入。

我所在的富阳区是杭州 GDP 贡献较低的区域之一，而我所在的乡镇又是富阳区 GDP 贡献最低的区域之一。即便如此，这些小生意的收入并不逊色于北京、上海、广州等地大型企业职员的收入，并且每日的工作时间很少会超过 8 小时。无论经济周期如何变化，人们总要吃饭、买日用品，这些与生活息息相关的刚性需求，恰恰是最稳健的生意来源。

然而，许多年轻人并不关注这些领域。他们普遍认为，"体面工作"才对得起自己的大学学历。这种固有观念不仅限制了他们的选择，也让他们错失了很多低风险、高回报的机会。世界如此之大，需求千千万，只要是你感兴趣且市场有需求的，那么每个人都有自己的市场盈利空间。**如果你能用自己的知识和技能为别人的生活解决一个问题，满足其一个小需求，那么这件事就能为社会创造价值，而赚钱只是水到渠成的结果。**因此，我们不能总想着追逐风口，却忽视了眼前的宝藏。

幸运的是，我们生在互联网时代，创业的门槛比以往任何时候都低。在工业化初期，创业往往意味着需要大笔启动资金、厂房设备、固定资产，普通人很难进入。但数字化时代改变了一切，轻资产创业已经成为可能。一项由中国青年创业就业基金会和泽平宏观研究团队于 2022 年联合开展的问卷调查发现，近七成青年创业者的启动资金低于 10 万元，多数来源于个人或家庭积蓄、亲友借贷。**在这个时代，你的隐性知识就是最重要的生产资料，你的时间就是你的启动资金。只要你的技能和经验匹配市场需求并能够提供价值，你就可以开启属于自己的事业，且不必承担巨大的财务风险。**

迷你创业并不只是理论上可行，它已经在现实中被无数人验证过了。我的大学学姐倪嘉琦就是一个例子。她零成本起步，从上班族转型成为一名创业者，并最终在细分市场中找到了自己的位置。2016 年，她大学毕业，进入一家互联网教育初创公司，负责大学生职业规划和模拟商战项目，同时撰写公众号推文。然而，这家公司没多久就倒闭了。2018 年，她进入中智上海公司，负责市场策划，协助其他大型企业招聘应届生。但是很快，她发现上班收入无法满足她的日常开销。于是，她在业余时间帮忙审核社交媒体投放的广告文案，赚取额外收入。

在这个过程中，她留意到了一个新的市场：大型广告商往往没有时间和精力直接对接社交平台上的博主，而是选择外包给小型广告投放公司。倪嘉琦发现，这或许是一个可以尝试的新赛道。恰好那时的她也产生了上班的倦怠感，离职的想法在心底悄然生根。

2019 年 3 月，倪嘉琦正式注册了自己的公司。她写了一篇公众号文章推销自己，没想到很多品牌方找到她，她接到了广告投放订单。2019 年 5 月，她辞职了。一个月后，她便接到了一笔 6 万元的广告投放订单，相当于她上班半年的工资收入。2019 年下半年，她的广告投放业务越来越多，年收入达到了 30 万元，是她上班时年收入的 2 倍。当时的小红书内容媒介市场刚刚兴起，博主少、品牌多，广告需求远大于市场供应。她作为中间商，凭借资源整合和把握消费者需求的能力精准切入，赚到了市场红利。

2021 年，我在绍兴采访了倪嘉琦，她向我分享了自己创业的成就感："你赚的每一分钱都是自己的，而且不受人约束。我的成本就是我的时间和精力，赚来的钱都是我的利润。"

接下来的两年，她的业务不断扩张。2021 年"双 11"前夕，她在绍兴柯桥租了一间公寓，和来自湖北的兼职助理一起日夜投放广告、审稿并优化内容。10 天内，她投放了 2200 多条小红书博主种草笔记、700 多条直发图文，这是很惊人的投放量。为了拍摄磨砂膏的效果图，她不断地将膏体涂在手臂内侧，拍了几百套样图，直到手臂累到酸痛。

2023 年，倪嘉琦组建了家庭，把重心放在生育上，业务量减少了一些。直到 2023 年年底，她被推进产房前，还在为"双 12"的社交媒体广告审稿。但她也意识到，内容媒介行业已经不像过去那么兴盛，小红书博主的合作价格变得透明，中间商的利润被压缩，她的职业方向也需要调整了。2024 年 3 月，湖南长沙的一家内容电商公司找到她，老板是从字节跳动公司出来创业的，邀请她加入，并提供股份激励。她接受了邀请，从单打独斗的创业者，转型成为团队管理者。然而，她的内心又萌生了新的创业想法。倪嘉琦说："轻创业的可行性很高，变现快，尝试成本低。"她建议大家给自己定一个目标，不要太看重短期结果，而是要关注长期成长。

创业并不是像一些媒体所报道的那样动不动就倾家荡产，需要好几轮融资。**用你最擅长的技能和知识零资金启动迷你项目，也可以算作创业，而且更适合普通人。**如果你不盲目追求"大动干戈"的商业模式，不一味想着把业务规模做大，也不急于撬动金融杠杆赚快钱，那么创业的失败率远没有你想象中那么高。我拜访过一些浙江优秀的小企业创办人，他们创业时启动资金都很少，并且坚持不借贷、不扩张，用他们的话说就是"有多少钱，办多少事"。万一失败了，也就是耽误点时间而已，不至于产生负债，不会影响生活质量。经过几个月的尝试，他们终于摸索出了比较成熟的商业模式，获得了稳定的现金流，拥有了比上班更高的收入。他们因此获得了有掌控感的小事业，并可以持续地运营下去。

来自杭州富阳的何佳的故事就是迷你创业的成功案例。她在大学毕业后从事过钢琴培训工作，但是受新冠肺炎疫情影响，培训无法开展，她决定回家乡发展。她的老家三溪村钟灵毓秀，盛产香榧、笋干和茶叶，可是销售范围仅限于村庄的周边地区。于是，她想能不能把这些农产品推广到更远的地方呢？

香榧是一种世界稀有的经济树种，最早可追溯到 1.7 亿年前的侏罗纪时代。它具有止咳、消痔、驱蛔虫、健脾胃的功效，在北宋年间是皇家贡品。香榧主要分布于中国南方的湿润地区。全国很多地方的人，尤其是北方人很少听说过香榧，更不了解它独特的风味。于是，何佳利用大学里学习的新媒体知识，把她家和周边村民的农产品挂在网上销售，并剪辑成让人垂涎欲滴的视频加以宣传，由此聚集了一批有购买力的粉丝。与此同时，她也积极与当地政府合作，参加线下展销会，进一步扩大品牌影响力。在销路稳定后，何佳开了一家农产品供销公司，带动了 20 多位村民的就业。村民们拿产品到她的公司寄卖，一年为村里增收三四百万元。

很多时候，我们对身边的事物太熟悉，反而容易忽视其中的价值。年轻人总想着去那些热门行业竞争，但他们往往在那些被忽视的细分领域里更容易做出成绩。规避恶性竞争，找到自己的小市场，比盲目地挤入"红海"更重要。传统创业需要融资、组建团队、扩大公司规模，而在互联网时代，代码和媒体可以成为低风险的杠杆工具。如果你能花一些时间，把你的隐性知识变成产品或内容，你就已经具备了创业的基本条件。

哪里有需求，哪里就有市场

仅仅想创业是不够的，关键在于如何找到市场需求，并将其与你擅长的事情相结合。

很多人创业时，一开始凭空想象出一个产品，兴致勃勃地投入资源，却发现无人问津，最后气馁收场。其实，**第一步不是做出一个成熟的产品，而是先验证需求。可持续的创业，始于利他。** 你可以从自己身边的人群入手，观察大家一般找你帮什么忙，他们面临哪些问题，你能提供什么价值。这些信息才是真正的创业起点。当你明确了需求时，就可以先做一个产品小样，也就是互联网行业常说的"最小可行产品"（Minimal Viable Product，MVP），让你的种子用户试用，然后收集反馈。如果用户愿意为此买单，那么当你积累了 100个用户并不断迭代产品时，你就能找到市场定位，接下来就可以逐步扩大营销范围了。

我的大学学妹李卓谕的创业之路正是从满足小范围的需求开始的。2018 年，李卓谕还是一名普通的会计专业大三的学生，因为她的第一学历并不突出，所以找实习机会时频频受挫。她意识到，如果想改变现状，必须转学到世界排名靠前的大学。于是，她凭借自己的高考成绩和大学成绩成功转学至澳大利亚悉尼大学。

同年，她将转学经历写成了一篇帖子，发在知乎论坛上，想着这些经历或许能帮到像她一样的大学生。发布之后，她便没再关注。两年后，意想不到的事情发生了。她偶然登录知乎论坛，发现后台涌入了大量私信，几乎是来自中外合作大学或因高考失利而就读于"双非"本科院校的学生，他们渴望转学以提升第一学历的价值。

李卓谕开始为学弟、学妹们提供免费的咨询。后来，咨询的人越来越多，她忙不过来，便收取 899 元的意向金，筛选出真正下定决心的用户。临近硕士毕业，李卓谕计划进入澳大利亚的会计行业。然而，手头的留学服务业务越来越繁忙，让她根本无暇考虑找工作。她决定继续做下去，说道："因为我答应了那些同学，我肯定要对他们负责，我要给他们申请完。"最终，她做出了一个大胆的决定——全职创业。

2020 年，她在澳大利亚成立了留学服务公司。办理本科转学在留学中介行业里属于小众赛道，但正是这个小众赛道让她的业务形成了天然的差异化优势。除了本科转学，她的公司业务逐步扩展至硕士申请、澳大利亚各类签证及移民等。她主要的获客渠道是自媒体平台，还有老客户的介绍。向她咨询的客户数量每年超过 1000 名，其中实际办理申请的客户有几百名。学生申请成功后，公司还能从目标院校获得返佣，这构成了她最主要的收入来源。

谈及创业的风险与前期投入，她说："确实没什么成本。现在也有一些新媒体广告投放成本，但肯定不像之前传统的留学公司在网络上投放广告，动辄 50 万元、100 万元，在小红书上投放的广告成本可能就 1 万元。"

创业第一年，李卓谕的个人收入就达到了 100 万元人民币。2023 年，她靠自己的收入在墨尔本贷款买下了一栋价值100 万澳元（约合人民币 470 万元）的房子，没向家里要一分钱。2024 年，她还给姥姥、姥爷在家乡的小县城买了一套大三居的电梯房，让上了年纪的他们不再为爬楼梯而犯愁。创业这 5 年，她每年的收入都在增加，第 5 年趋于稳定。她觉得现在是"比较舒适的一个阶段"。她不受办公地点的限制，自己随时都会查看手机，全年无休，大年三十也会回应申请者的需求，因为学生们需要即时的安全感。

2025年年初，她的团队已经扩展到10人，成员基本是在留学行业深耕10年以上的资深顾问，团队成员不需要打卡，线上办公，远程协作即可。问及是否考虑扩大团队规模，李卓谕表示："人力成本是有限的，人的精力也是有限的。"2025年2月，她刚结婚，未来可能会考虑要孩子，她更在意生活和工作的平衡。她说："我觉得国内的竞争更激烈，大家都想做大做强，觉得要有很大的办公室、很多员工、很大规模才算好……在澳大利亚，人的心态相对平和，没有太多攀比，过好自己的日子就好。"

李卓谕的经历印证了一个重要的创业原则：**市场需求本就存在，关键在于你要找到自己的切入点。**她并没有一开始就规划如何创业，而是市场主动找到了她，她顺应需求，逐步优化服务，最终创立了一家运营稳定的企业。

无论你的目标用户是几十个、几百个，甚至几千个，只要他们认可你的价值、信任你的产品或服务，你就能构建一个可持续发展的事业。这种小而美的模式更适合大多数普通人，也更容易在实践中落地生根。

每一代年轻人都曾面临相同的困惑：如何找到自己热爱的事业，如何在不确定性中寻求稳定，如何让自己被世界真正需要。过去，我们相信职业是线性的，一旦选定便能安稳地走下去；但如今，职业更像一场流动的冒险，谁拥有更多的技能、更灵活的心态，谁就更能在风云变幻中掌控自己的命运。

我们真正需要的不一定是一份固定的工作，而是一种能够长期生存的能力组合——让你既能创造价值，又能灵活变通。这不仅是经济安全网，更是精神支柱。在这个充满不确定性的时代，我们要敢于尝试不同的路径，发现那些被忽视的细分领域，创造属于自己的独特价值。

我认为，**人生没有哪一条路是完美的，只要不断探索和调整，我们终将找到最适合自己的方向。与其害怕变化，不如主动出击，趁早构建属于自己的"职业投资组合"。**当某个行业遭遇变革时，我们依然可以选择其他路径，不至于被市场的风暴吞没。

世界不会奖励那些等待稳定的人，而是眷顾那些敢于行动、不断提升自己能力的人。在你的职业生涯里，你不该押注在某个岗位或公司身上，而应该持续迭代、掌握主动权。比拥有"铁饭碗"更重要的，是拥有打碎"铁饭碗"后依然能够创造价值的能力。

第6章

让好运气成为你的盟友

你是否见过这样的人：他们似乎总能遇到好机会，事业顺利，贵人相助，在人生的关键时刻总能刚好做出正确的选择。而另一些人，无论多么努力，似乎总是被现实困住，难以翻盘。**运气，究竟是天意，还是有迹可循的结果？**

人生的道路上充满偶然性。为什么有些人能够捕捉到这些"偶然"，让它们成为人生的转折点，而有些人却视而不见，或者即使看到了也抓不住？这并不是因为命运偏爱前者，而是因为他们的心态、习惯和行动方式，让他们在正确的时间做了正确的选择，所以交了好运。

越来越多的研究表明，运气实际上是个人特质与外部事件共同作用的结果。在同样的外部环境下，不同的思维方式与行为习惯会导致完全不同的结果。

本章将讨论如何借助外部环境为自己创造更多机会，以及为什么好运气的降临其实是一种可以训练的能力。

好运气其实是一种思维习惯的结果

高成就者在回顾自身经历时，常常强调"运气"在成功中的重要性。不可否认，一个人能否取得较高的成就，受到许多因素的影响，包括天赋、性格、家庭环境、教育、地理位置及时代契机等。但更值得关注的是，**人生中的"运气"并非完全随机的外部事件，而是可以被捕捉、放大，甚至在一定程度上被创造的。**换句话说，运气不是某种神秘力量，而是有迹可循的。

英国赫特福德大学心理学家理查德·怀斯曼（Richard Wiseman）对此进行了长达 10 年的研究，他分析了数千名自认为幸运或不幸运的志愿者的行为模式。他发现，那些自认为幸运的人并非只是碰巧运气好。他们往往具有某种心理特质，使他们能够创造并抓住机会。

怀斯曼有一项著名的实验。他邀请两组志愿者，一组是自认为幸运的人，另一组是自认为不幸运的人，他们都被要求完成一项简单的任务：数一数报纸上有多少张图片。实验开始后，自认为幸运的人平均仅用几秒就完成了任务，而自认为不幸运的人却花费了 2 分钟。原因很简单，报纸的第二页上已经用大号字体写着"停止计数，报纸中总共有 43 张图片"。自认为幸运的人能快速发现这个提示，从而轻松完成任务；而自认为不幸运的人则过于专注于任务本身，忽略了明显的信息。

怀斯曼认为，自认为幸运的人，他们的思维更加开放，能够敏锐地捕捉到被他人忽视的线索；而自认为不幸运的人，他们往往已经形成了隧道视野，局限在狭窄的思维框架中。

为了进一步探究运气的本质，怀斯曼与英国广播公司的一位制片人合作，策划了一场实时记录的实验。在自认为幸运和不幸运的志愿者毫不知情的情况下，测试他们如何对待生活中的偶然机遇。实验正式开始前，怀斯曼在咖啡店外的地面上放了一张崭新的 5 英镑纸币，将其作为第一个机遇。进入店内后，志愿者会发现 4 张桌子，每张桌子旁都坐着一位顾客，其中只有一位是成功的商人，其他 3 位则是假扮顾客的"托儿"。他们被要求无论谁进入咖啡店，都要保持完全一致的举止。

自认为幸运的人先登场，他一眼就发现了地上的 5 英镑，捡起后走进咖啡店，并主动与那位商人攀谈，他们聊得很投机，一起喝了杯咖啡。自认为幸运的人回忆这一天时，兴奋地描述了捡到钱和偶遇成功人士的经历，认为自己特别幸运。然而，自认为不幸运的人的表现截然不同。他径直地从 5 英镑纸币前走过，毫无察觉地进入咖啡店，点了一杯咖啡后安静地坐在商人旁边，始终没有主动与任何人交谈。当被问及当天是否有什么特别的事情发生时，他的回答是没什么特别的事情发生。

于是，有的学者得出结论：不同的看待世界的方式，最终造就了截然不同的人生轨迹。

也许有读者会怀疑，是不是自认为幸运的人的智商更高、能力更强？怀斯曼也考虑到了这一点，于是让所有研究对象做了智商与性格测试。结果表明，他们在智力方面并无显著差异，但在性格上存在显著不同——自认为幸运的人往往比自认为不幸运的人更外向、更开朗，并且情绪更稳定。自认为幸运的人更愿意接受新事物、新思想和新体验，这种开放的心态使他们能够察觉和捕捉到生活中的机会。

这项研究表明，**真正决定一个人是否幸运的，并非外部的神秘力量，而是他是否愿意以开放的心态迎接未知，并主动寻找可能的机遇。**换句话说，那些总觉得自己运气不好的人，很可能是在不知不觉间屏蔽了本可以改变人生的机会。

　　这样的情况在现实生活中随处可见。很多人并非缺乏机会，而是因为固守已有的思维模式，导致自己被困于一个封闭的回路中，无法看到更多的可能性。

　　2024 年，我遇到了一位对未来感到迷茫的年轻人。他从小在新疆乌鲁木齐长大，刚刚从一所二本大学的食品工程专业毕业，正站在人生的十字路口，试图寻找未来的方向。他说同专业的学长大多选择进入酒厂、乳制品厂或食品企业从事研发工作，但这些岗位普遍要求硕士学历。我问他是否有考研的打算，他无奈地表示，虽然本校有导师愿意指导他读研，但前提是他的英语四六级成绩必须过关。然而，他坦言："我怎么都记不住单词，英语四级考了好几次都没过及格线。英语太难了，读研还是算了吧。"

　　我回应他，直接就业或许是一个不错的选择。他也是这么考虑的。他到银行应聘，但银行对户籍所在地有要求，这让他无法顺利入职。于是，他考虑报考乌鲁木齐的公务员岗位。然而，他也忧虑："在乌鲁木齐参加考试的人太多了，竞争很激烈，我很难考上。"我问他是否可以考虑新疆其他城市的岗位。他提到喀什地区有人才引进的优惠政策。我说："挺好的呀，你想试试吗？"他说："可是南疆主要是维吾尔族人，我是汉族人，虽然能听懂一些维吾尔语，但是我不会说维吾尔语。做基层工作要和维吾尔族人沟通，我不行。"

我们的话题不断绕圈，最终又回到了起点——他不知道该怎么办，他觉得所有路都行不通。我看着他搓着头发，满脸无奈。

他的困境真的全是外部环境限制造成的吗？还是他的思维已经筑起了一堵看不见的墙，让他拒绝了所有可能性？

对于这种封闭的思维模式，我并不陌生，因为我也犯过类似的错误。大学时，我一心想要进入投资银行、四大会计师事务所和大型跨国企业，认为这些才是有前途的工作机会。然而，由于我所就读的大学只是普通的一本院校，我的简历很难被大企业看中。温州本地的创业公司和中小型民营企业向我伸出了橄榄枝，我却毫不犹豫地拒绝了，因为它们在我眼里不算是好机会。于是，我固执地在一条走不通的路上反复碰壁，像用一把不合适的钥匙拼命开启一扇无法被打开的门。大三时，我陷入了深深的自我怀疑。我开始反复琢磨：没有光鲜的金融实习经历，没有名校光环，也进不了顶尖商学院，我是不是已经失败了？我越想越焦虑，觉得自己已经无能为力。

直到大四那一年，有一天，我鬼使神差地点开了一封电子邮件，看到一家在美国创办的智库正在招募实习生，研究方向是中国的海上丝绸之路和跨国公司。我抱着试一试的心态投递了简历，没想到竟然收到了回复。后来，我通过线上实习和来自美国、阿拉伯等地区的专家们一起做研究、写报告、整理每日资讯。那段日子，我每天都在和不同背景的人交流，也了解了许多有关中国经济形势的知识。那是我大学里的唯一一次实习经历，虽然没有光鲜的头衔，也没有丰厚的报酬，但它为我后续的财经报道和写作工作打下了坚实的基础。

回头看，我曾经执着的障碍真的存在吗？它不过是我自己设下的心理壁垒。当我放下对偏离路线的恐惧，不再排斥新的可能性时，障碍便会变成新的通道，通向更广阔的天地。有时候，我们制定了详尽的攻略和计划，渴望一次完美的旅行，却因为各种原因偏离了路线。可正是这次意外的偏离让我们邂逅了别样的风景，最终成就了一次更难忘的旅行。就业之路、创业之路皆如此。

在商界和科学界，许多伟大的成果往往不是计划的产物，而是在面对不确定时敢于调整方向、拥抱意外的结果。

任天堂（Nintendo）最初不过是一家生产纸牌的公司，曾尝试卖速食米饭、开出租车，甚至经营爱情旅馆，几度失败后偶然进入玩具行业，并在推出"超级怪手"玩具后打开局面。20世纪70年代，在代理游戏机的过程中，任天堂又敏锐地捕捉到了行业机会，自创游戏产品，最终成为全球游戏巨头。YouTube起初是在线约会网站，但用户反应冷淡，更喜欢上传日常视频。于是，YouTube果断转型为开放型视频平台，成为今天最受欢迎的视频网站之一。科学界也不乏类似的例子，X射线和青霉素的发现都是从实验中观察而来的成果——伦琴和弗莱明都没有忽视这些异常，反而顺势深挖，引发了医学革命。

然而，人类的本能却常常抗拒这些"意外"。在远古时代，为了生存，我们演化出了强烈的警觉机制——未知的声音可能是潜伏的捕食者，陌生的植物可能藏着剧毒。这种对不确定性的警惕曾是我们祖先生存的技能。然而，在现代社会，这种本能却常常成为我们的束缚。当有人向我们提出新的选择时，我们本能地感到不安，甚至抗拒。因为新的选择意味着改变，而改变往往伴随着不确定性和风险。

事实上，真正的风险往往不是尝试多种选择，而是止步不前。美国演员金·凯瑞（Jim Carrey）在 2014 年玛赫西管理大学的毕业演讲中谈到了自己的父亲："我的父亲本可以成为一名伟大的喜剧演员，但他不相信自己能做到，所以做了一个保守的选择，找了一份安稳的会计工作。然而，在我 12 岁时，他被辞退了，我们全家不得不竭尽所能来维持生计。我从父亲身上学到了很多宝贵的经验，其中最重要的一条是**你可能会在自己不喜欢的事情上失败，所以你不妨冒险去做自己热爱的事情。**"

你需要有意识地培养开放的心态，拥抱不确定性。这并不是说你可以不顾风险往前冲，而是要放下恐惧，理性分析。首先，尽可能地从不同角度搜集更多来源可靠的信息，并将这些信息列出来。接着，问问自己，最坏的结果是什么？你是否有什么不可以失去的？代价是否在你的可承受范围之内？这种风险到底源自事实本身，还是因为你戴上了恐惧的有色眼镜？如果做成，你可能获得的收益是什么？你是否发自内心地喜欢做这件事？经过分析后，如果你发现自己并不会因此损失什么，那就可以行动。你不必一开始就做出巨大改变，可以实施"迷你实验"，看看效果如何，再逐步调整。

幸运从来不是凭空而来，而是一种可以通过训练掌握的能力。你越是保持开放的心态，就越容易发现隐藏的机会；你越是敢于尝试，事态就越可能朝着你期待的方向发展。如果你连尝试的勇气都没有，何谈好运气？机会不会主动敲门，你必须去找它。你不必做出惊天举动，只需先迈出一小步。

持续行动，让好运气发生在你身上

好运气不会主动送上门，我们只有通过行动才能将其牢牢抓住。不管最终能否成功，都要尽力试一试。

1987 年，张雪出生在湖南省麻阳县的一个小山村。在他小时候，父母离异，母亲远嫁他乡，父亲则常年在外打工，他与妹妹、奶奶相依为命。16 岁时，他辍学进了修车行当学徒，意外在摩托车上找到了自己的梦想——成为职业赛车手。然而，这个梦想几乎遥不可及。没有资金，没有熟人，甚至连一辆像样的摩托车都没有，如何进入专业车队？ 2007 年，19 岁的张雪决定搏一把。他不停地拨打湖南电视台《晚间新闻》节目组的电话，自称拥有惊人的摩托车特技，希望能得到一次展示的机会，让专业车队注意到他。他的目的很简单：哪怕只有一次机会，也要让更多人看到他的能力。

经过无数次的努力，电视台终于松口，同意他来拍摄一段特技表演。但现实并没有给张雪面子。那天，他在田野里发动摩托车，试图借助凸起的田埂展示特技，做出一系列炫酷的动作。但摩托车卡在泥地里，根本动弹不得。他一次次失败，狼狈不堪。更糟糕的是，他的摩托车比他的年龄还大，故障不断。节目组开始怀疑他的能力，最终决定结束拍摄。

"一个人，不管是失败还是成功，如果年轻的时候没有去做，到老了肯定会后悔。而如果年轻的时候去做了，就算最后失败了，到老了也不会后悔。"张雪这样想。他拦住正要离开的节目组，恳求再给他一次机会，但节目组没有理会，开车前往下一个采访地点。1 小时后，节目组的汽车后视镜里出现了一个暗绿色的身影，正飞速跟进。张雪没有放弃，从怀化市到麻阳县，一路上冬雨绵绵，路况复杂，他追着节目组不放弃。节目组只好在加油站停下，劝说他不要跟随，注意交通安全。他却坚持："我给你们带路也行。"节目组拿他没办法，便允许他带路。就这样，他骑行了 100 多公里，历时近 3 小时，全身湿透，满身泥垢。

节目组在麻阳县的一座村庄采访时，张雪就在旁边守着，甚至开始在湿地上展示车技。他表示，只要能进入车队，任何苦他都愿意吃，帮车队煮饭、洗衣服、修车都行。他还给忙于采访工作的记者发了一条短信："我不怕苦，就怕你不给我机会。我 16 岁开始修车，17 岁就开车行，这一切都是为了更接近车，我的梦想、我的生活都是关于车。但是，没有车队的支持和培训，想比赛很难，门槛太高。我也知道这样做，我很没面子，车友都笑我的想法天真。但是，为了梦想，我愿意。再给我一次机会吧。"

节目组终于被张雪的执着打动，同意再给他一次机会。在雨中，张雪驾车冲刺，立起车头，靠后轮支撑骑行，或平躺在摩托车座位上，手从车把上放开。他还找了一片山地，在泥路上冲刺，和摩托车一起飞在半空中再落下。有时他被车甩出去，但他爬起来继续表演，变成了一个"小泥人"。从 2004 年起，张雪一年 365 天有 200 多天都在练车，他发誓要做最棒的摩托车赛车手。这一次，他将浑身的能量都释放了出来[1]。

---

[1] 故事根据张雪在 2007 年湖南电视台《晚间新闻》节目组的采访整理而成。

节目播出之后，张雪的人生轨迹迎来了转折。他终于进入车队，成为职业特技车手，甚至还成为冠军车手的徒弟，并兼任机械师。但时间不等人，职业赛车手的黄金年龄悄然逝去。他离开车队后创办了凯悦机车品牌。当时，摩托赛车行业被 KTM、宝马、本田等海外品牌牢牢占据着高地，国产摩托赛车在市场中艰难求生。但张雪毫无畏惧，走上了自主研发的漫漫长路，成了国产高性能摩托赛车研发的先驱者。

2023 年，张雪带领车队踏上了达喀尔拉力赛的征程。这场被誉为世界上最艰苦的越野拉力赛，见证了无数车手的荣耀与梦想。而这一次，更是该赛事历史上第一次有中国车手驾驶国产赛车参赛。张雪和车队在赛场上披荆斩棘，用实力向世界证明了中国摩托赛车的力量。

回首过去 18 年，张雪从一个初出茅庐、口出狂言的少年，历经风雨洗礼，成长为中国摩托赛车界的传奇人物。他的故事就像一部热血沸腾的奋斗史，激励着无数怀揣梦想的人。那段采访视频至今仍在网上流传，许多网友泪目："这就是热爱的样子""这股子冲劲儿真是太难得了""一切伟大首先来自发自内心的热爱"。

如果张雪当初只是想成为赛车手，却从未踏出第一步，那么哪怕好运气来到他面前，也不会属于他。好运气不会以你期待的模样降临，它可能是一个被所有人嘲笑的想法，一个看起来毫无希望的机会，一个让所有人都觉得你疯了的决定。如果一件事被所有人认可，那么很可能它根本不是机会；而当有人看好，有人不看好时，那往往就是机会所在。"这不现实""这条路行不通""我条件不够"……多少人在机会降临时的第一反应不是尝试，而是退缩。但恰恰是那些敢于试一试的人，会有更大的概率抓住好运气。

孙永真的故事也是对这个道理的生动诠释。2008 年，温州苍南人孙永真在健身房做教练，因教外国留学生健身动作而接触英语。当时，他连基本的英语表达都困难，第一反应是英语太难学了，算了吧。但就像张雪不愿放弃赛车梦想一样，最终他没有对自己说"算了"。

2013 年，他在温州医科大学做保安。为了给单调的生活增添乐趣，他和外国留学生攀谈起来。当时校园里有来自 43 个国家和地区的 600 多位留学生。一次意外改变了一切。有一天，一位留学生的摩托车被偷了，请孙永真陪同去派出所报案，并拜托他充当翻译。留学生满怀信心地把这项任务交给他，可到了派出所，他却发现很多专业词汇完全说不出来。

那一刻，他突然意识到自己与世界之间隔着一堵语言的墙。从此，他下定决心学英语，拆掉那堵墙。

每天清晨 6 点，他就开始看美剧，7 点去上班，巡逻时抽空背单词，下班后冲回家看美剧，摘抄台词，钻研语音语调。他还阅读英语文章，朗读十多遍直到脱口而出。他还买了一本牛津英汉对照读物《公正》（Justice），顺利读完后信心倍增。自那以后，他每天的英语学习时间从 2 小时延长到了 10 小时。

为了接触更多与英语相关的工作，他跑到义乌。然而，外贸公司普遍要求大专及以上学历，他只有初中学历，所以找工作屡次碰壁。但他没有退缩，而是先从质检员做起，先站稳脚跟，再继续找机会。他知道，**学历是硬条件，但能力才是最终的决定因素。**终于，一个电话改变了他的人生轨迹。

他联系了一家外贸公司，请求面试。人事部门看了他的简历本不愿接受他的面试请求，但他一再请求进行全英文面试。对方被他的坚持打动，安排了一场全英文面试。面试过程中，他用流利的英语和来自英国的负责人交谈。20 多分钟后，来自英国的负责人和孙永真讨论起了薪资期望，并提供了外贸业务员的工作机会。

孙永真负责对接北美礼品和赠品的采购商，时刻关注和浏览外国电商平台流行的小商品，阅读产品的英文广告，找出新颖、有销路的产品，研究美国消费者的需求和思维方式，用符合美国消费者的思维方式与文化去沟通，从而增加成单率。在义乌的日子里，他坚持每天背诵大学四六级、英语专业八级、美国研究生入学考试（GRE）词汇，不忙时每天背20 ～ 30 个单词，忙时每天背 10 个单词，学英语早已成为他的生活方式。英语能力的提升促使他的业务能力和薪资水平也随之提升。2021 年，作为外贸业务员的他，已经能够月入上万元。

而这一切都始于当初的一个决定——去外贸公司面试。如果孙永真像大多数人一样，认为自己的学历不够，这条路行不通，那么他可能还在做着不需要英语的工作，日复一日地消耗自己。但他选择迈出一步，去试一试。结果，他不仅进入了一个新的世界，也改变了自己的人生轨迹。

很多时候，机遇就像一排黑匣子，你无法确定哪一个装着宝物，哪一个是空的。如果你一直不打开它们，你永远不会知道答案。害羞、怕麻烦、不好意思……这些都是拦住好运气的隐形围墙。认真想想，主动出击会有什么损失吗？你能得到的最坏答案，不过是被拒绝。所以，不妨脸皮厚一点，主动出击，因为机会不是等来的，而是靠自己撬开的。

积累越多，运气越好

巨大的突破看似是瞬间发生的，但它其实是微小行动的持续积累所导致的，也就是从量变到质变。**运气不是刚好发生，而是你已经做好了足够的准备，才有能力把它抓住。**

2024 年 5 月，我突然接到一个陌生来电，对方自称是杭州市文旅局的工作人员，问我是否有时间去他们办公室聊一聊合作。我不清楚是什么合作，但我决定去看看。见面后，一位负责人开口问道："如果你现在正在用英文给外国人介绍杭州，你会怎么说？"我快速整理思路，五六秒后用英文讲了几分钟梁祝的传说、西湖的文化意义。负责人转头看向身旁一位同事，她曾是中国大使馆驻外的翻译。她点了点头。接着，负责人告诉我，他们准备 7 月去欧洲，为杭州的旅行产业做宣传，正在寻找一个能在海外用全英文推介杭州的人选。他们已经找了一年，内部员工、市场上的导游挑了一遍，但没有找到理想人选。他们看了我的视频，觉得不错，所以想当面测验一下。

就这样，我和杭州文旅局的团队前往匈牙利和瑞士，在欧盟代表、大使、文旅企业家面前做了两场长达 20 分钟的全英文脱稿演讲。在匈牙利的推介会上，一位在意大利威尼斯生活的华人女士对我说："在海外威尼斯生活的杭州人感谢你。"在瑞士演讲结束后，一位白人女孩跑来拍拍我的肩膀说："我决定去杭州了，因为你。"

谁也没有预料到，一个陌生的电话竟然促成了我这一段走访欧洲两个国家的宝贵经历，也开启了后续在杭州给外国友人演讲的机会。换个角度想，如果我没有十多年英文公开演讲的积累，那么即使机会来了，我也抓不住。所谓的好运气，也是多年持续刻意练习的结果。

那些看起来的幸运，其实是成百上千次尝试的结果。在第 3 章中，我讲过我的大学同学徐海宁，他靠外贸蒸馏设备业务赚到了人生第一桶金，看起来很幸运。但他的第一份订单是靠发了 2000 多封邮件换来的。换作别人，可能发 20 封邮件，发现没人回复，就断言这条路行不通，然后放弃了，可他没有。很多时候，我们所谓的失败并不是真正的失败，而是我们还没真正开始就撤离了。只要你尝试得足够多，就会有好运气开始站在你这一边的可能。

这种现象不仅出现在商界，科学和艺术领域同样如此。科学探索之路从来不是线性的，而是由大量的"小失败"堆积起来的进步。美国物理化学家杰拉尔丁·里士满（Geraldine Richmond）曾说，如果她有 10% 的想法能实现，就觉得自己很成功了。每当科学家进入一个新的领域或解决一个没有人回答过的问题时，他们更容易失败，但也更容易取得重大突破。她说："如果你没有失败，你就没有在研究未知领域。"

一个典型的例子是美国太空探索技术公司（SpaceX）的星舰项目。截至 2025 年 1 月，星舰已经进行了 7 次试飞，其中多次发生爆炸或故障。但其负责人马斯克并不认为这些是失败，因为每一次测试都带来了宝贵的数据，可用于下一次改进。准确地说，科学探索中没有绝对的成功与失败，每次测试都是部分成功、部分失败，但无论如何，它们都让人类更接近载人登月和星际旅行。成功不是一蹴而就，而是不断尝试、迭代的结果。

科学需要试错，艺术创作亦然。那些成为经典的作品并非天才们的灵光乍现，而是经过无数次尝试的产物。贝多芬的代表作让大家耳熟能详的可能有十几部，但他一生创作的作品有几百部。毕加索的名画可能有几十幅，但他实际创作了上千幅油画，还有上千件雕塑和陶瓷。沃顿商学院组织心理学教授亚当·格兰特（Adam Grant）分析了大量艺术家的创作数据后发现：作品数量与艺术家的成就呈高度正相关。也就是说，越是多产，越可能产出伟大的作品。天才级别的艺术家，其作品基数远远超过一般创作者，尝试的风格也更多。他们无法预测哪一种风格会流行，但正是因为他们不断尝试，才有更高的概率创造出能匹配社会大众审美的经典作品。

不仅是艺术领域，任何行业，能够承接运势的人都有一个共性——坚持、积累、不断迭代。以自媒体创作为例。从2021 年开始，至少有 20 位朋友跟我聊过，他们想在自媒体上创作内容，建立个人品牌，实现副业收入。我建议他们：保持每周或每 2 周更新一次内容，坚持 100 期，你可能会看到明显的效果。3 年过去了，我追踪了这 20 位朋友的情况：17位朋友发布不超过 5 条内容就停止更新了；1 位朋友 2 年更新了 24 期短视频，有 3 期点赞量超过 100；仅有 2 位朋友坚持了 2 年以上，每年更新 40 多条内容。

这 2 位持续行动的朋友，结果也截然不同：一位更新 100 多期，最终放弃；另一位坚持了 4 年，自媒体年收入突破 50 万元。先说第一位朋友，他是我的大学同学，从 2022 年 1 月到 2023 年 12 月，他每年更新 40 ~ 50 期短视频，总共发布了 100 多条内容。然而，即便如此努力，他在哔哩哔哩网站上发布的短视频，其浏览量最高也只有 2000 左右。缺乏流量反馈让他逐渐丧失了信心。2024 年，他只发布了 2 期短视频，最终放弃了更新。他不明白，自己已经坚持做了 100 多期，为什么依然没有起色？

我帮他分析后发现，他所有的短视频都是计算机编程的学术讲座，画面几乎只有 PPT 文稿，呈现出的风格是严肃且生硬的。可问题是，他自己并不是这样的人。他在大学里是出名的搞笑角色，一张嘴就能把同学逗乐，戏剧性很强，课堂上随便发言都能带动全场的气氛。但在视频里，他却完全屏蔽了自己的幽默感，刻意压抑自己的表达风格，变成了一个刻板讲解 PPT 文稿的学术主播。这种风格让他的内容显得枯燥，也让他原本的优势被彻底埋没。

2024 年，我对他进行了 2 次采访，把采访录像剪辑成 2 段 6 分钟和 8 分钟的视频，发布在我和我先生共同运营的自媒体账号"废柴老公和学霸老婆"上。当时这个账号的粉丝量只有 2 万左右，然而这 2 条采访视频分别收获了 30 万和 13 万的浏览量。大家都被他吸引，纷纷留言说他语调好好玩，说话太有幽默感了，简直是"码农"里的相声演员。

我认为，他并不是没有创作能力，而是限制了自己的风格。如果他愿意展现自己本来的幽默感，也许他的自媒体之路会是另一番光景。内容创作不仅是知识的传递，更是表达的艺术，找到适合自己的风格比单纯的内容输出更重要。

相比之下，另一位朋友则拥有完全不同的故事。他是我 2021 年在知乎创作者群里认识的，当时他的账号"干货逻辑"已经有 2 万的关注量。他的职业经历非常丰富，曾做过期货交易，也做过私募基金，但后来公司解散。在待业期间，他一边送外卖，一边思考未来的方向。

早在 2018 年，他就开始在知乎论坛上回答别人的问题，至今已经累计 3000 多条内容。到了 2021 年，他的几篇自媒体文章爆火，他突然意识到自媒体或许是一条可行的路。于是，他开始有意识地调整内容输出策略，探索流量增长的方式。他总结经验后告诉我："我曾经在哔哩哔哩网站上做过关于金融法律法规的科普视频，里面都是对每一条法规的意义的解释。我自认为有价值，但根本没人关注。后来，我写关于房价和股票的科普知识，流量才开始上来。直到最近，我有一篇文章讲我怎么买房，让我的粉丝量翻了一倍，多了 1 万个粉丝。"

他一直在思考如何让自己的文章被更多人看到。2021 年至 2025 年，他在微信公众号上保持着稳定的创作节奏，每年发布 50 ~ 70 篇文章，总计 230 多篇。2025 年 1 月，我们再次交流时，他在知乎上的粉丝量已经达到了 25.8 万，微信公众号的粉丝量突破 3 万，不少粉丝是海归、大学教授，对他的长文非常感兴趣，甚至愿意付费订阅。截至 2025 年 2 月底，他的微信公众号财富合集（订阅价格是 383 元）吸引了 1956 位付费用户；情感合集（订阅价格是 240 元）有 1346 人付费。

他的坚持带来了可观的回报。2022 年，他的微信公众号收入达到 38 万元，知识星球平台获利也有 30 多万元。2023 年，他的微信公众号年收入突破 50 万元。2024 年，他的微信公众号年收入仍然保持在 40 万元以上。他总结道："我的文章属于阅读量少，但转化率高的类型。一般人读不下去，能读下去的就是肯付费的。"他是我朋友圈内 20 多位自媒体创作者中坚持时间最久、创作数量最多的人。而且，他是单兵作战的状态，没有签约网红公司。

归根到底，这一切不是靠好运气，而是靠积累。有的人觉得做自媒体纯靠好运气，但事实是大多数博主要坚持发布100篇以上的内容，才可能在某个时刻迎来突破。那些看似幸运的人，背后往往有我们看不到的日复一日的行动，这才叩开了幸运的大门。

好运气不是凭感觉等来的，而是靠行动激发的。你做的事情越多，好运气出现的概率就越大。真正的幸运者不是那些等待天降机遇的人，而是那些在好运气没有到来的日子里依然耕耘的人。他们不把好运气当作决定成败的唯一因素，而是靠自己的坚持和积累，让每一次尝试都变成好运气的种子。当这些种子足够多时，终有一天，它们会在合适的时间生根、发芽、开花、结果。

好运气从来不是神秘莫测的幻象，也不是某些人天生拥有的特权。它更像一股流动的能量，我们自身的思维模式、行动方式决定了我们能否接住这股能量，并让它为我们所用。

那些看似幸运的人并不是因为命运对他们格外眷顾，而是他们具备了一种特殊的能力——主动创造机会，保持开放的心态，并持续采取行动。他们不会等风来了才想着起飞，而是始终调整自己的翅膀，随时准备迎接风口。世界上绝大多数的好运气都是行动的附属品。

第 7 章

让优势持久发光的秘密

你有没有想过，我们每天做出的那些大大小小的选择，可能最终决定了我们会成为怎样的人？有些选择看起来无关紧要，比如今天要穿什么衣服、吃什么早餐；有些则关乎人生的大方向，比如和什么样的人一起合作、要不要换一份工作。但其实，所有这些选择加在一起，悄悄塑造了我们的性格、价值观，以及最终的人生轨迹。

你现在的状态，正是过去所有选择的总和。

很多时候，我们做出的选择并不是基于内心真正的渴望，而是受到外界的驱动——短期利益、社会期待、身份认同等。我们可能会在道德的"灰色地带"犹豫不决，在短期的利益和长期的价值之间徘徊，在现实压力和理想追求之间挣扎。

你会为了短期的利益，放弃自己的原则底线吗？你是否曾被主流的成功模板裹挟，而忽略了自己真正想要的生活？你是否有过迷茫，不知道自己的终极目标是什么？本章就来聊聊这些重要的选择——真正决定你能走多远的原则。

坚持原则底线，维护终身品牌价值

在成长过程中，我们可能会遇到一些短期看似有利、长期却可能让人陷入深渊的抉择。哈佛商学院的教授经常告诫学生们：不要把自己送进监狱。可许多学生却自信满满地认为，自己在原则面前绝不会犯低级错误。

然而，人生的下坡路从来不是一个毁灭性的决定导致的，而是由无数个"无伤大雅"的小妥协累积而成。"就这一次"的心态正是最大的陷阱。它让人误以为，偶尔做错一次不会有影响，边际成本似乎可以被合理化。但事实是，人一旦屈服，下一次妥协就变得更容易，直到彻底失控。百分之百地坚持原则，其实比 99% 的坚持更容易，因为那 1% 的妥协往往会成为未来无尽悔恨的开端。

当突破法律和职业道德底线的事情出现在我们面前时，哪怕是面对权威的压力，也要拒绝，因为做出这些事情会毁掉个人终身名誉。

不要觉得这些事情离我们很遥远，我在职场第二年就遇到了。那时，我在一家教育企业工作，一位领导承接了宣传部门的项目，看我是新闻专业出身，便让我参与策划短视频，以提升企业曝光度。她提出了一个选题，拍摄企业旗下学校里普通老师逆袭成为校长的励志故事，以戏剧化的方式呈现出来，凸显企业选贤举能的文化。我问道："公司真的有这样的案例吗？如果有，我们去采访，还原故事。"结果，宣传部门的人找遍了企业内部的教职人员，并没有这样的真实案例。

警钟立刻在我脑海里敲响。我当时对领导和同事们说："如果没有真实案例，那么这个视频不能拍，否则就是虚假宣传。"没想到，这位领导却不以为然地笑了笑："互联网上哪有什么真故事？都是编出来的噱头，都是'人设'。网民看视频都是不经过脑子思考的，没人在意你的短视频是真是假。不编，怎么有流量？"

听到这番话，我只觉火从心头起——这已经严重挑战了我的职业底线。我试图说服她："宣传的内容代表的是企业的形象。如果竞争对手把虚假宣传的内容扒出来，公司声誉怎么办？"但她依然坚持要制造噱头。我当机立断："这个项目，我不参与。"对有些领导来说，这或许是冲业绩、博得高层赏识的机会，如果出名了，功劳在手；而如果出事了，"黑锅"就让基层员工背。作为媒体与教育从业者，我绝不愿意因为这种急功近利、毫无底线的事情毁掉自己的职业生涯。

过去的职场经历让我更加坚信，道德底线绝不能轻易松动。面对明显违背原则甚至良心的要求，光明正大地拒绝比含糊拖延更能保护自己。对于那些看似普通却有信息盲点的请求，不要急着答应，务必做足研究，判断是否触及法律或职业道德底线，因为一次妥协可能就会毁掉你的整个职业生涯。

更重要的是，不要迷信头衔和学历，以为名校毕业、社会地位高的人就一定更有职业操守。一个人是否能守住道德底线，与他的受教育程度无关，而是取决于他的价值观、目标及所面临的利益诱惑。

人性本来就是复杂的。当野心和欲望膨胀到一定程度，眼前的利益足够诱人时，有些人会毫不犹豫地将道义抛诸脑后，明知违法，但仍然选择铤而走险。年轻的职场人要学会保护自己。

我们每个人都在无形中建立自己的"终身品牌"，需要

依赖的是你的信誉、你的价值观、你的专业能力，以及你在社会的口碑。 在今天这个信息高度透明的时代，你的每一个选择都会留下痕迹。如今，企业在招聘时已不再只依赖简历和面试。人力资源部门会查阅候选人的社交媒体、行业口碑，甚至过往的言行记录，以判断这个人是否值得信赖。如果一个人曾经有过不诚信的行为，那么哪怕他的简历再出色、能力再强，雇主仍然可能选择放弃录用。因为信任一旦破裂，就难以弥补。

这种现象在商界同样存在，甚至影响更为深远。在硅谷，许多风险投资公司内部流传着一份非正式的黑名单，记录着那些过去曾夸大融资数据、欺骗投资人、未履行承诺的创业者。如果一个人被列入其中，那么无论他的下一个项目多么有潜力，投资人都可能选择避而远之。

真正的成功不是靠投机取巧，而是靠长期被信赖。 巴菲特曾说过："建立声誉需要 20 年，毁掉它却只需要 5 分钟。如果你想想这一点，你做事的方式就会有所不同。"

我们要时刻牢记，发光发热的前提是做正确的事情。它或许无法带来短期的利益，却能让你被所在行业的人需要和尊重。守住底线，你不仅能保护自己，还能让自己成为一个值得信赖、受人尊重的人。

真正的成功没有标准答案

在信息来源有限、自身价值观尚不稳定时，我们往往不自觉地被主流的成功模板所裹挟。在许多人的认知中，"值得过的人生"似乎只有一条路径："好成绩—好学校—好工作—高收入"，只要稍有偏离，便会产生深层的恐惧。即便这条路并不适合你，你也可能强迫自己继续走下去，只因害怕掉队。

这其实是我们成长过程中难以避免的心理机制——当面临不确定性时，我们更倾向于模仿群体行为，以此获得安全感和归属感。但问题在于，当你持续压抑自己的天赋、热情和潜能，强迫自己做无法滋养内心的事情时，最终可能会失去对生活的掌控感，甚至引发焦虑和抑郁。

所以，我们不妨退一步思考：**如果眼前这条路本就不是你想走的，那么你真正想走的又是哪一条？** 在人生这场无法逆行的旅途中，是否要用他人的标准定义自己的价值？你希望这段旅途是愤懑压抑的，还是自洽无悔的？如果抛开外界的评价标准，你真正想要的生活是什么？如果财富、地位与社会认可是你内心真正渴望的，那就大胆去追求；但如果那并非你所热爱的，也就无须勉强迁就。每个人都有权利按照自己喜欢的方式度过充实且有意义的一生。要做到这一点，关键在于知行合一：**既要认清内心所求，又要勇于为之行动，不被外界标准裹挟。**

然而，真正做到按照自己喜欢的方式过一生并不容易。这不仅需要你足够了解自己，也需要你有勇气承受质疑，并长期为理想买单。所幸，我们身边也不乏一些实践者。他们未必站在镁光灯下受人景仰，但在自己的小世界中活得热烈而丰盈。

我的朋友吴欣妤就是这样一位长期践行自我人生设计的人。她的生活可以用 3 个词概括：热爱、行动、连接。十几年来，她始终坚持自己的生活方式：一边打工养活自己，一边旅居世界。

吴欣妤高考结束后，在网上看到了关于"汉语热"的帖子，心潮澎湃，于是报志愿就填报了对外汉语专业。2014 年，她报名参加了尼泊尔加德满都的中文支教项目，亲自体验了对外汉语教学。

在尼泊尔，吴欣妤被分配到一所小学教授中文。最初，她面对活泼的孩子们感到手足无措，但很快就找到了状态，融入其中，甚至主动给孩子们分糖吃，迅速赢得了他们的信任。

她不仅完成了支教任务，还主动寻找更多教学机会：在一家公益组织里教妇女英语。她还和志愿者朋友一起去孤儿院给孤儿送蛋糕。孩子们睁大眼睛，舔着蛋糕上的奶油，等着每个小伙伴分到同样的一小块才肯吃，吃完后还回味无穷地舔着手指。

这段支教经历成为吴欣妤人生的重要转折点。她知道了自己真正想要的人生：在不同国家教授中文，与世界深度连接，用自己的方式去生活。

为了实现这个目标，她努力考取了中国传媒大学的国际汉语教育硕士，并且通过中外语言交流合作中心前往埃及做志愿者老师，她坚定了走这条道路的决心。毕业后，她相继在英国某私立国际中学（1年）、埃及开罗大学孔子学院（2

年）、阿联酋公立幼儿园（2023 年年底至今）教汉语。每到一个国家，她都乐于与当地人建立深厚的联系，体验不同的文化，并因此收获了无数特别的经历。

在埃及，很多年轻人希望通过学习汉语前往中国留学和工作。吴欣妤不仅在课堂上传授知识，还在生活中与学生及其家庭建立深厚的情感。她回忆道："我的一个学生的母亲经常在周末邀请我去她家做客，为我准备美食。我跟他们一家人的关系都特别好。在我离开埃及时，这位学生的母亲抱着我号啕大哭。"

离开埃及后，吴欣妤到了英国一所国际私立中学做中文助教。那里聚集着名人子女（如知名歌手的孩子、体育巨星的孩子、某国家的公主）和世界各地的高净值家庭。她笑称自己是里面最穷的人，这一年让她大开眼界。

在这所学校，她与法国、西班牙、意大利等十多个国家的教师共同生活。这些经历成为她旅居生活最宝贵的部分：不是浮光掠影式的观光，而是真正融入并扎根下来。

和吴欣妤同班的 30 位国际汉语教育专业的同学中，几乎只有她一人坚持在海外教书。大多数人选择留在国内找工作，他们觉得在国外教学不稳定，没有五险一金。但她早已适应了这种自主、灵活的生活节奏——一周 14 课时，剩下的时间用来在周边国家和地区旅行。

当然，吴欣妤的身边并非没有质疑声。她的闺蜜在国内做课后辅导老师，收入颇丰，曾劝她回国。她的母亲也曾反复追问："你要漂多久？"起初，她对这些质疑声感到抗拒，想要反驳。但后来，她选择用行动回应。她带母亲出国旅行，让她亲眼看到自己的生活。渐渐地，母亲开始理解了孩子的选择。吴欣妤的心态也变得平和，她说："自己眼界开阔了，跟他人相处起来思维就不会那么片面了，会更接纳他人的生活方式。"有一次，在土耳其旅行时，她一个人坐在海边，打开一罐啤酒，看着夕阳自言自语道："**我觉得我好强，能迅速融入陌生的环境，沉浸其中并仔细地观察，我觉得我能看到别人看不到的东西，感觉好棒。**"

她计划前往更远的地方，包括南美和北美，继续将教学与旅行合二为一。谈及如何找到并坚持她的热爱，吴欣妤坦言："我是一个只要想到就行动的人。在实践中，如果你明确了自己的方向，就不要那么纠结，活得轻松一些，也要大胆一些……这是我能够找到自己喜欢的东西的原因。我对这

个世界充满好奇，我对生活也很有激情。"她认为，大多数
人不会被梦想一击即中，而是需要一步步行动，才能不断靠
近自己想要的生活。她说："像我这样普通的人，还是要行
动才行。"对她来说，旅居是按部就班之外的另一种认真生
活的方式，教中文不仅是一份工作，更是与世界深度连接的
桥梁。

**当你接触到各色各样的人时，你会发现人生的剧本多样
而璀璨，它没有唯一标准，你也不必比较高低。你不必试图
成为别人眼中的成功者，而需要在"成为自己想成为的人"
这件事上始终保持清醒和热情。**在大学期间，我接触了一些
前辈，他们都以自己的方式践行着他们想要的生活。我大一
时的英语写作老师内森·迈耶（Nathan Mayer）曾是伊拉克战
争前线的摄影记者，在中国教了一年书。从 2014 年起，他又
辗转塞尔维亚、摩尔多瓦、韩国等国家继续他的教书和旅居
人生。还有一位来自保加利亚的文学老师，顶着外交官父母
的压力，拒绝体面接班，坚持赴美攻读文学博士，最终成为
诗人和教授。他还邀请我和几位同学一起将中国的古诗词翻
译成英文，再由他翻译成保加利亚语，让这个国家的人感受
到东方诗词的美。这些人有一个共同点：没有选择他人心目
中对的路，而是选择了自己想要走的路。**所谓有意义的人生，**

不一定是拥有高位权势，也不一定是获得经济回报，而是拥有一种富有创造性的生命力。

在我们的青春岁月中，常有两股力量拉扯着我们：一边是迎合社会和他人期待的自己，另一边是忠于内心、追求理想的自己。当两者高度契合时，我们自然无悔；但当它们发生冲突时，我们必须做出选择。哪一种活法能带来真正的满足感呢？

我也曾经梦想着一路考取优秀院校、进入知名企业，一路往上爬，有朝一日成为高管。在当时的认知里，这似乎是对的人生路径。但后来我发现，除了极少数人能适应游戏规则，大多数人在别人构筑的规则里永远赢不了。

我做了一个决定——回到浙江乡村，在山林间生活，远离都市喧嚣。我开始创作视频、进行教学、参与演讲，尝试自主的工作形式。乡村不是脱离社会的角落，而是我重新定义人生节奏和影响方式的起点。我每天自然醒来，在网络世界中分享学习方法、传递人生理念。每写一篇文章、录一个视频、设计一门课程，我都会高度专注，忘记时间的流逝，真切感受到富有创造性的工作所带来的身心愉悦。这些内容穿过屏幕，来到无数人的生命里。有西部偏远地区的孩子给我发来私信，说我让他们学到了平时接触不到的语言知识；也有三、四线城市的教师将我的视频用作课堂语音节奏的示范材料；许多青少年在看了我的视频后开始养成良好的作息习惯，遵循身体和大脑的规律来有效学习；更有世界各地的关注者在看了我的视频之后，重新燃起了长期学习的热情……

知识不是特权，而是一座桥梁，能跨越地理、资源和圈层的鸿沟。我希望孩子们不是为了分数学习，而是为了掌握探索世界的能力学习，凭借自身的英文优势获取不同文化语境中的优质信息，看见更多的人生可能性。

在乡村生活的这 3 年，我曾收到过不少职场邀约：有知名的互联网财经频道邀请我做主持人，也有多家网红公司想和我签约，还有创新型企业邀我出任财务执行官，甚至有人表示愿意给我投资。但是，我都回绝了。这些机会听起来光鲜，却无法激起我内心的涟漪。对我来说，小而美、有掌控感的生活，远比头衔和规模更重要。我不必为了达到某种社会地位而失去宝贵的时间，也不必压抑天赋和真情实感。只要我能够通过做自己喜欢的事情自食其力，并且让我的所思所想为他人带去一点启发和改变，就已经足够了。

　　我逐渐意识到，**我们没有必要执着于赢下既定的游戏，而是要跳出规则，创造属于自己的游戏。**詹姆斯·卡斯（James Carse）在《有限与无限的游戏》（*Finite and Infinite Games*）中提到，有限游戏的目标是取胜，而无限游戏的目标是让游戏继续下去。很多人一生都困在有限游戏里，他们拼命争夺升职加薪的机会，却很少思考这个游戏本身值不值得玩。如果你始终在别人的游戏里竞争，你可能永远被别人制定的规则限制，活得憋屈。**比起在别人的游戏里拼尽全力，不如转身走进自己热爱的领域，创造一套属于自己的规则和节奏，让人生变成一场无限的探索。**

　　发现自己的天赋、识别个人优势，并不仅仅是为了找到一份立足于社会的职业，更是为了找到我们自己的人生意义，活成我们渴望的模样。英国作家克里斯多福·莫勒（Christopher Morley）曾经说过：**"世上有一种成功，是以自己喜欢的方式过一生。"**人生不存在绝对的成功与失败，它更**像一连串独特而真实的体验。只要你问心无愧，那就是值得过的一生。**

　　按照自己喜欢的方式生活，不仅会滋养个人，也会反过来滋养社会，真正服务于世界，贡献于时代。心理学家卡尔·罗杰斯（Carl Rogers）曾指出，当一个人活出真我时，会变得更有创造性，也更愿意为他人负责。真正意义上的做自己，不是盲目地张扬个性，而是找到那个你最擅长、最热爱、最能持续发光的位置，让热爱成为你前行的燃料，让专业成为你影响他人的方式。你愿意日复一日投入的事物，往往正是你能为世界做出的独特贡献。

正是因为我们愿意以自己的方式留下一点点温度和痕迹，世界才显得更加丰富与真实。美国作家霍华德·瑟曼（Howard Thurman）曾写道："不要问这个世界需要什么，问问你自己，什么能让你充满活力，然后就去做这件事。因为这个世界需要的是那些鲜活的、充满激情的人。"

从短期目标到人生愿景：你需要一个系统坐标

很多人以为做自己就是听从当下的情绪，但真正的自我不是情绪的堆叠，而是内在价值、渴望与行动之间长期保持一致性的结果。要想真正活出你喜欢的方式，还需要一个更强大的系统性指引——顶层目标。它是你行动的指南针，让你在迷茫、纠结甚至痛苦中依然知道自己该往哪里走。

人生的目标分为 3 个层次：基层目标、中层目标、顶层目标。基层目标就是我们每天要完成的具体小任务，如每天读 30 页书、跑 3000 米、回复 20 封邮件。中层目标是我们 5 年时间内要达到的里程碑，如考上不错的研究生院、升职成为主管等。顶层目标则是我们的终极愿景，是我们内心深处最本质的渴望——想成为什么样的人，想过怎样的生活，希望给这个世界带来什么影响。它通常在 10 年或几十年内不会改变，是所有其他目标的根基。顶层目标不会出现在我们的绩效指标表格里，但它决定了我们人生的方向感。当我们知道自己为什么而活时，我们才不会轻易被外界的声音干扰，也更能在低谷时重新点燃内心的火种。

为了让这 3 个目标层次的意义更具体，我们可以看看中国青年潘德明的故事。1908 年，潘德明出生于浙江湖州的一个裁缝家庭。他从小就喜欢大自然，对户外探险充满向往。1930 年夏天，他在南京与人合伙经营一家餐馆。某天，他在报纸上看到"中国青年亚细亚步行团"的消息，即号召青年徒步走访亚洲，以此提振民族士气。他毫不犹豫地转让了餐馆，加入了这个 8 人组成的步行团，并为自己设定了中层目标——徒步游历亚洲。

步行团从上海出发，途经杭州、广州和海口，抵达越南。这时，已经有 5 人因病痛和恐惧退出，另外 2 人因为路线分歧而离开，因此步行团只剩下了潘德明。他没有退缩，反而把目标提升为环游世界。他的顶层目标是让世界看到中国青年的勇气与担当。

在那个交通落后、信息闭塞、治安不稳的年代，徒步旅行不是"打卡式观光"，而是真正的冒险。他在印度的原始森林中遇到老虎，在阿拉伯的沙漠中昏厥，在耶路撒冷被强盗洗劫……但每一次遇险他都坚持了下来，因为他知道自己"为什么出发"。

为了实现自己的顶层目标和中层目标，他还设定了一系列基层目标：每天按计划前进，记录行程，随身携带笔记本，请遇到的人签名或留言祝福。他的举动引发了多国媒体的报道，无数华人给予他路费支持。他甚至被美国总统罗斯福、印度圣雄甘地、诗人泰戈尔等世界名人接见和鼓励。

潘德明环游世界 8 年，最终带回了重达 4 公斤的《名人留墨集》，其中收录了来自 1200 多个机构与个人的题词，包含 20 多位国家元首的手迹。

潘德明的故事是顶层目标、中层目标、基层目标高度统一的例子。他不是在漫无目的地奔波，而是在用脚步回应内心的召唤；不是被生活推着走，而是主动地走向心中的方向。

这样的人生状态并非遥不可及，并非伟人专属。我们每一个人，无论身份、起点如何，都值得拥有一个能为自己指路的顶层目标。在日复一日的琐碎中，它就像黑夜里的北极星，提醒我们不要偏离自己的航道。

那么，顶层目标到底该如何寻找？一个实用的方法是从中层目标倒推，问一连串的"为什么"。

举个例子。我的朋友吴欣妤的中层目标是成为一名对外汉语老师。她的下一个计划是去美国教学。那么，她为什么选择这条路呢？因为她想全球旅居。再问下去，她为什么想全球旅居？因为她想体验不同的文化，接触各色各样的人，与世界深度连接。**当你追问到底时，那个答案往往就是你最**

核心的驱动力，也就是你的顶层目标。

再说说我自己吧。在我 28 岁之前，其实并没有顶层目标的概念。我像很多人一样，关注的是短期的阶段性目标：考研、转行、涨工资、换工作……直到我接受了几位记者的采访，我才开始深度思考。她们反复问我："你的粉丝目标是多少？商业路径是什么？"我笑着回答："顺其自然吧，我已经在做自己热爱、擅长又能养活自己的事了。"她们说我清心寡欲，而我心里在反问：难道只有绩效数字才算目标吗？

我开始问自己：为什么热爱表达与创作？因为我想影响他人。为什么想影响他人？因为我希望成为他人生命中的一盏灯。再问下去，我回答不上来了，我就是想这样做。那一刻，我写下了我的顶层目标：用生命影响生命。这句出自泰戈尔诗集的话，也成了我如今奋斗的方向与核心坐标。

从那以后，我理解了老师曾跟我谈到的工作、职业、使命的区别。工作是谋生的工具，不一定涉及个人长期的目标与意义；职业是一段持续的专业积累，代表着一个人在某个领域的长期耕耘和成就；而使命是发自内心、更高自我的召唤，超越了谋生和成就的范畴，是你无论是否有回报都愿意投入其中的事，驱使你实现更深层次的愿景。如果将使命比作一条流动不息的河流，那么职业只是它流经的一段河道，而工作不过是河道上的一块石头。

重要的是，使命不需要多么宏大，它可以是你心中最朴素、最真诚的愿望。它可以像一位音乐老师那样，即便没有收入，也愿意教孩子拉小提琴，直到老去；还可以像我的研究生同学的母亲那样，用 18 年时间默默资助四川山区的一位女孩直至她完成学业。真正的使命不在于外在的光环，而在于你是否愿意为它日复一日地付出，并从中获得持续的意义感与生命力。

使命不需要多么伟大，但必须足够真诚。它不一定带你走向高处，却能带你走向内在的丰盈。人生不是被安排的轨迹，而是你自己创造的旅程。找到那个愿意让你坚持一生的目标，你才不会迷茫，你的内心才会真正强大起来。

所以，真正让你的优势可持续发挥的，是在漫长的岁月中始终按照内心所相信的去生活。天赋是起点，热爱是燃料，价值观是航向。**你要学会用顶层目标指引方向，用中层目标规划路径，用基层目标坚定前行。**人生从来不是一场速赢的竞赛，而是一场长期的、无关输赢的无限游戏。**请你勇敢地做真实的自己，哪怕步伐慢一点，也要走在你愿意走的道路上，点亮自己，温暖他人。**